"科学就在你身边"系列

# 还有多少未知与可能
## ——世界神秘之地

总 主 编 杨广军
副总主编 朱焯炜 章振华 张兴娟
　　　　 胡　俊　黄晓春　徐永存
本册主编 陈小和

上海科学普及出版社

## 图书在版编目（CIP）数据

还有多少未知与可能：世界神秘之地/陈小和主编．—上海：
上海科学普及出版社，2011.1(2018.4 重印)
(科学就在你身边系列/杨广军主编)
ISBN 978-7-5427-4604-7

Ⅰ．①还… Ⅱ．①陈… Ⅲ．①地理—世界—普及读物 Ⅳ．①K91-49

中国版本图书馆 CIP 数据核字(2010)第 141009 号

组　　稿　胡名正　徐丽萍
责任编辑　李重民
统　　筹　刘湘雯　张怡纳

"科学就在你身边"系列
### 还有多少未知与可能
——世界神秘之地
总主编　杨广军
副总主编　朱焯炜　章振华　张兴娟
胡　俊　黄晓春　徐永存
本册主编　陈小和
上海科学普及出版社出版发行
(上海中山北路 832 号　邮政编码 200070)
http://www.pspsh.com

各地新华书店经销　　北京一鑫印务有限责任公司印刷
开本 787×1092　1/16　印张 15　字数 250 000
2011 年 1 月第 1 版　　2018 年 4 月第 3 次印刷

ISBN 978-7-5427-4604-7　　　　定价：28.80 元

# 卷首语

  浩瀚的世界文明史给我们留下了多少未解之谜啊！圣地、古城、逝去的国度以及具有象征意义的景观，怎能不深深吸引你的目光？在书中，让我们一起跟随学者专家追踪寻迹，共同探秘，一起领略这奇幻别异的魅力吧。

  本书无意罗织传奇与故事，也不带有任何民族倾向性。只是想和大家一起，探寻每一处未知，揭示其可能。也许谜团依旧是谜团，神话还是神话，传说仍是传说，我们不得其门而入，但在我们的努力之后，留下一点秘密，也未必就是遗憾。那么现在，就让我们一起开始这段神秘之旅吧！

# 目 录

## 典雅的神奇之地——亚洲

叩问荒野丛林——"毗湿奴的神殿"吴哥窟 …………………… (3)
辉煌的古老城市——"塞勒喀亚"苏萨 ……………………………… (8)
玫瑰红城市——约旦古城佩特拉 ……………………………………… (14)
独特的盐海——"地球肚脐"死海 …………………………………… (20)
触怒天神之门——"变乱"巴别塔 …………………………………… (26)
东方的奇迹——"千古第一陵"秦始皇陵 ………………………… (32)
悬崖上的坟墓——"上古遗存"悬棺 ………………………………… (39)
丝绸之路上的神秘国度——"沙中庞贝"楼兰古国 ……………… (46)
巴蜀古国的史前文明——"第九大奇迹"三星堆遗址 …………… (54)
奇幻的沧桑——阿尔忒弥斯神庙 ……………………………………… (61)
独一无二的钻石——摩索拉斯陵墓 …………………………………… (67)
传说中的城市——"木马城"特洛伊 ………………………………… (72)

## 还有多少未知与可能

### 绚烂的迷幻之地——欧洲

神秘的象征——"石砌圣经"沙特尔大教堂 …………………………（79）
比金字塔更神秘——卡纳克石阵 …………………………………（85）
难解的秘密——斯通亨奇巨石阵 …………………………………（91）
史前文明的瑰宝——纽格兰奇古墓 ………………………………（97）
献给神的殿堂——圣地亚哥－德孔波斯特拉古城 ………………（102）
恐怖的神庙——马耳他巨石文化的神殿 …………………………（106）

### 雄壮的诡秘之地——美洲

飞禽走兽的极乐世界——"恶水"死亡谷 ………………………（113）
峭壁间的河床——查科峡谷 ………………………………………（119）
古印第安人的居所——卡霍基亚土丘 ……………………………（125）
丛林中的谜语——"美洲的雅典"玛雅古城 ……………………（130）
创造神的地方——"诸神之城"特奥蒂瓦坎古城 ………………（138）
谷地的神秘巨画——"世界第八奇迹"纳斯卡 …………………（145）
失落的印加城市——"空中花园"马丘比丘 ……………………（152）
石像的故乡——"地球的中心"复活节岛 ………………………（159）

### 苍凉的惊异之地——非洲

沙漠中的艺术宝库——撒哈拉沙漠岩石壁画 ……………………（167）
气势雄伟的坟墓——"方锥体"胡夫金字塔 ……………………（173）
穿越时空的诅咒——图坦卡蒙陵墓 ………………………………（181）
永不磨灭的光芒——亚历山大灯塔 ………………………………（187）
地球表皮上的大伤痕——东非大裂谷 ……………………………（192）
受敬仰的石头城——大津巴布韦 …………………………………（199）

## 隐匿的秘密之地——海洋

消失的帝国——"大西洲"亚特兰蒂斯……………………（207）
神秘的海底黑洞——"丧命地狱"百慕大三角…………（214）
触目惊心的灾难——东亚龙三角………………………（221）
梦幻时代的圣地——"五彩独石山"艾尔斯岩…………（228）

# 典雅的神奇之地
## ——亚洲

"亚洲人及其文化代表全人类历史中最重要、最丰富、最多彩的篇章",亚洲是地球上最大的一块大陆,而且其文明传统为地球上最古老。这块神奇的土地蕴藏着丰富而有趣的故事与民间传说,处处闪耀着神秘的光芒,让人目不暇接。

那么现在就让我们一起来揭开亚洲古老的面纱,窥探人类文明令人惊叹的缩影,共同加入典雅的亚洲神奇之旅吧。

典雅的神奇之地——亚洲

## 叩问荒野丛林
## ——"毗湿奴的神殿"吴哥窟

你去过柬埔寨吗?这个位于亚洲中南半岛南部的国家,旧称高棉,是一个历史悠久的文明古国。

作为世界七大奇迹之一的吴哥,就坐落在该国的暹粒。这个举世文明的古迹,是记载千年信仰的胜地,永远吸引着天涯朝圣者接踵而来。翻开吴哥的尘封记忆,我们一起走入丛林神殿。

吴哥古迹(Angkor)位于柬埔寨暹粒省境内,距首都金边约240千米,是柬埔寨民族的象征,被誉为东方四大奇迹之一。现存吴哥古迹主要包括吴哥王城(大吴哥)和吴哥窟(小吴哥)。

吴哥窟又称吴哥寺,原始的名字意思为"毗湿奴的神殿"。中国古籍中称之为"桑香佛舍"。它是吴哥古迹中保存得最完好的庙宇,以建筑宏伟与浮雕细致闻名于世,也是世界上最大的庙宇。

世界神秘之地

还有多少未知与可能

## 吴哥的发展历史

广角镜——柬埔寨

柬埔寨是一个多民族的国家。小乘佛教是柬埔寨的国教，高棉人绝大多数笃信该教。

在公元9世纪至15世纪时，吴哥是柬埔寨的王都。吴哥始建于公元802年，完成于1201年，前后历时400年。12世纪时的吴哥王朝国王苏耶跋摩二世，希望在平地兴建一座规模宏伟的石窟寺庙，作为吴哥王朝的国都和国寺，因此举全国之力，并花了大约35年建造而成。

1431年暹罗军队入侵后，吴哥遭到了严重破坏，王朝被迫迁都金边。此后，吴哥被遗弃，逐渐淹没在丛林莽野之中，直到19世纪60年代，被一个叫亨利·穆奥的法国博物学家发现。

1992年，联合国教科文组织世界遗产委员会把整个吴哥古迹列为世界文化遗产，此后吴哥窟成为柬埔寨旅游胜地。一百多年来，世界各国在吴哥窟的维护工程上投入了大量的资金，以保护这份世界文化遗产。

小知识

**小知识——什么是毗湿奴？**

毗湿奴是印度三大主神之一，是叙事诗中地位最高的神，掌维护宇宙之权，与湿婆神二分神界权力。毗湿奴和神妃吉祥天住在最高天，乘金翅鸟。其性格温和，对信仰虔诚的信徒施予恩惠，而且常化身成各种形象，拯救危难的世界。

## 吴哥窟的艺术特色

十字王台尽头是吴哥寺的中心建筑群。它基本上是由大、中、小三个

## 典雅的神奇之地——亚洲

SHIJIE
SHENMI ZHI DI

◆吴哥寺错综复杂的建筑群

以长方形回廊为周边的须弥座，依外大内小、下大上小的次序堆叠而成的三个围囿，中心矗立五座宝塔为顶点，象征须弥山。台基、回廊、蹬道、宝塔构成吴哥寺错综复杂的建筑群。其布局规模宏大，比例匀称、设计简

◆吴哥窟浮雕

## 还有多少未知与可能

单庄严，细部装饰瑰丽精致。

吴哥窟的浮雕极为精致且富有真实感。在回廊的内壁及廊柱、石墙、基石、窗楣、栏干之上，都有浮雕。内容主要是有关印度教大神毗湿奴的传说，取材于印度史诗《摩诃婆罗多》和《罗摩衍那》及印度教神话《乳海》，也有战争、皇家出行、烹饪、工艺、农业活动等世俗情景，装饰图案则以动植物为主题。其中围绕主殿第1层台基的回廊被称为"浮雕回廊"，长达800米，墙高2米余，壁面满布浮雕。东壁的搅乳海图，北壁的毗湿奴与天魔交战图，西壁的猴神助罗摩作战图等，均描绘神话故事；而南壁西半部的苏利耶跋摩二世骑象出征图则为世俗题材。这些浮雕手法娴熟，场面复杂，人物姿态生动，形象逼真，且已采用重叠的层次来显示深远的空间，堪称世界艺术史中的杰作。

从回廊里边向外望，赫然发现，墙上有许多婀娜多姿的人像浮雕，据说是象征仙女下凡。以千年前的雕刻技术来说，竟然能把仙女刻画得如此活灵活现，而且每一尊的表情、面貌、衣着完全不同，真可说是鬼斧神工之作。这一群手足舞蹈的美丽仙女叫做阿帕莎拉，又被喻为是东方的蒙娜丽莎，相传是由浪花所变成的。宏伟的吴哥窟正因为有了这群俏丽的仙女环绕，而整个鲜活了起来。

除了墙外的仙女引人侧目，走在神庙里，处处可见精美细腻的刻画，有时是在柱子上，有时是在墙角上。有凸出的、也有凹入的，甚至是两者交替的作品也都不难发现。当你不经意走过，神奇的形象突然跃入你的视线。就连走廊上的窗子，也是以小石柱作栅栏，当阳光透过窗子洒入长廊，更融合出一种人文与自然交错的美感。

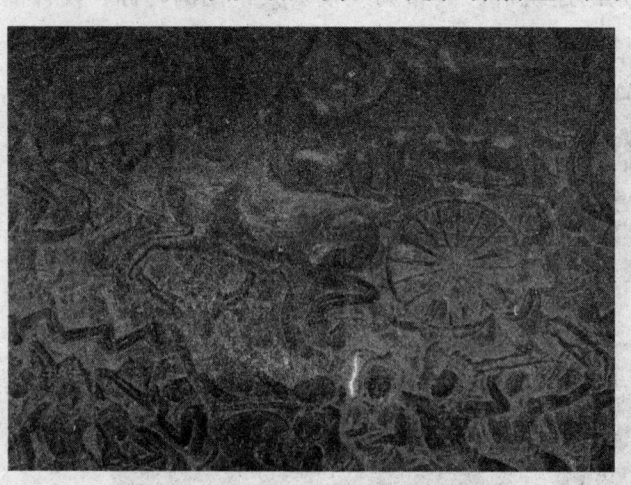

◆吴哥窟精美刻画

典雅的神奇之地——亚洲

## 吴哥文明的消失之谜

吴哥文明的建筑之精美令人望之兴叹，然而却在15世纪初，突然人去城空。在此后的几个世纪里，吴哥地区又变成了树木和杂草丛生的林莽与荒原，只有一座曾经辉煌的古城隐藏在其中。直到19世纪穆奥发现这个遗迹以前，连柬埔寨当地的居民对此都一无所知。

按说任何一个民族的文化都应有它的延续性，何况吴哥是一个曾经繁荣过600年的王朝，但它的文化竟一下子就突然中断、消失在历史的长河中了。有人把这归于外敌的入侵，但外敌入侵可能导致王朝的改朝换代，怎么可能使一个民族的人民统统消失呢？据考察，在吴哥地区过去曾经居住着一百万以上的人口，这个民族和这些人到底到哪儿去了呢？这真是一个无法解开的谜团。

◆吴哥窟女王宫

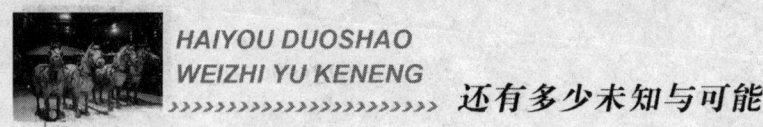

## 还有多少未知与可能

# 辉煌的古老城市
## ——"塞勒喀亚"苏萨

在历史之父希罗多德的书里，我们可以看到这样一句在希腊人中广为流传的话："谁要是占有苏萨的财富，就可以和宙斯斗富。"苏萨是什么地方？为什么说这里的财富比得上天地之王宙斯的财富呢？

这肯定是个很特殊的城市，让我们带着憧憬和好奇走进这座千年古城吧。

### 广角镜——埃兰王国

在今天伊朗西南部卡伦河支流迪兹河沿岸迪兹富尔西南，波斯帝国大流士统治时期（公元前521～前485年）的都城，有完善的驿道，西通美索不达米亚直达小亚细亚爱琴海沿岸。这条帝国最大的干线，称作"御道"。19世纪中叶以来，考古学家在此发掘出公元前3000年埃兰王国以及公元前6到前4世纪波斯帝国的大批遗物。

苏萨在《圣经》中被称作"书珊（Shushan）"，希腊文被称作"Σέλευχεια、塞勒喀亚"，现代则被称作苏西（Shush）。2005年的人口数约为64960人。公元1901年，著名的汉谟拉比法典（现存于法国卢浮宫）就是在此出土的。

苏萨位于今日底格里斯河以东240千米的地方，是古代埃兰王国、波斯、帕提亚的重要都城。除了是现代考古重要的地点之外，此地也因为什叶派穆斯林与犹太人先知但以理而著名。

## 苏萨的悠久历史

苏萨是一座古老的城市。公元前7000年，该地就有人类聚集居住的迹

## 典雅的神奇之地——亚洲

象,并可能在前 4000 年建城。根据发掘出土的彩陶文化定年,可以上溯至公元前 5000 年。历史上,苏萨是埃兰王国(中译或称"以拦")的都城。它的名字可能源自于当地语言,并以不同的方式书写。苏萨曾受到新巴比伦王国的入侵,其后更受到亚述帝国的暴力洗劫。

公元前 538 年,阿契美尼德王朝波斯的居鲁士大帝夺取了这座城市。居鲁士的儿子冈比西斯二世将帝国首都迁到苏萨。前 331 年亚历山大大帝征服波斯,但他的猝死让帝国分裂,苏萨便成了塞琉西亚王国中与泰西封齐名的两个都市之一。后来帕提亚兴起,帕提亚统治者习惯将泰西封作为夏都,而苏萨则为冬宫所在。罗马皇帝图拉真在公元 116 年从帕提亚波斯手中攻下苏萨,但他旋因后方的反叛而被迫撤兵。直到三世纪后的萨珊波斯时期,苏萨仍是一座繁华的大城。

◆汉谟拉比法典

◆古埃兰王国遗址

HAIYOU DUOSHAO
WEIZHI YU KENENG

**还有多少未知与可能**

苏萨在历史上至少有两次遭到毁坏。在公元前647年,亚述国王亚述巴尼拔在战争后夷平了这座城市;直到阿契美尼德王朝的大流士一世定都于此,苏萨才得以复兴。公元1218年,入侵的蒙古人军队毁坏了这座城市。从此之后,这座古老的都市便逐渐萎缩。

## 苏萨的地位

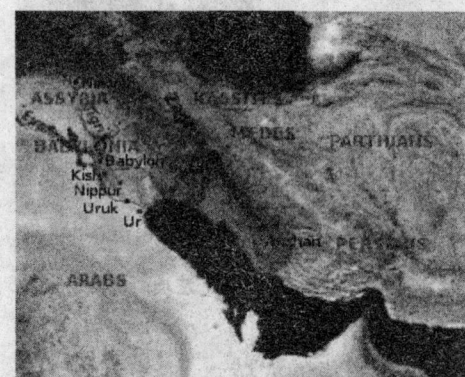

◆古苏萨地图

◆苏萨城中的柱头

苏萨是伊朗文明最早的发祥地。

一般来说,都市的历史要比国家的历史短。但是,在伊朗却有一座古城,它的历史比伊朗国家还要早几千年,它就是苏萨城。这座城市距今已有八千多年的历史,大约比伊朗人建立的国家要早五千三百多年。而在此之前,它作为伊朗土著居民埃兰人的都市,也有两千多年之久。

古波斯帝国建立之前,苏萨就已成为波斯的都市。居鲁士大帝时期,苏萨是帝国四大都市之一,并开始在城内兴建宫殿。这是因为埃兰人是伊朗最有文化的民族,波斯人需要埃兰人的才能来帮助他们管理国家。当时政府的行政官吏,特别是王室经济管理人员,几乎都是埃兰人,埃兰楔形文字作为官方文字使用了上百年之久,才逐渐被阿拉米文字代替。

典雅的神奇之地——亚洲

## 金碧辉煌的宫廷建筑

苏萨的宫廷建设，是在大流士大帝时全面展开的，他下达建造苏萨宫廷的命令，一直保留到现在。这个诏令用三种文字（古波斯、埃兰和巴比伦文字）写成，内容如下："这就是我在苏萨建立的宫殿。其材料来自远方，其地基挖得很深，直达岩层。地基挖好之后，再用碎石填满。凡挖地基、填碎石、做砖坯，都是由巴比伦人完成的。雪松是由黎巴嫩山区运来的。柚木是由犍陀罗和克尔曼运来的。这里使用的黄金是由萨地斯和巴克特里亚运来的。这里使用的贵重青金石和光玉髓是由索格底安那运来的。这里使用的绿松石是由花拉子模运来的。白银和扁木是由埃及运来的……"

◆波斯国王的酒杯

### 知识库

波斯帝国兴起于伊朗高原的古国，属印欧语系的一支。疆域横跨到印度，由里海伸展到波斯湾。

在这个短短的诏令中，提到宫廷建筑使用的材料来自十五个地区，从遥远的中亚和印度，直到埃及和希腊。参加宫廷建筑的工匠，至少有五个民族的人，这还不算运送材料的那些地方的居民。明确提到的建筑材料有十二种，其中多数来自远方，只有碎石和砖坯大概是就地取材。可以说，为了建筑苏萨宫廷，大流士一世几乎动用了当时帝国的全部人力、物力和财力。

## HAIYOU DUOSHAO WEIZHI YU KENENG
## 还有多少未知与可能

◆居鲁士大帝

苏萨宫廷的全貌，今天已无从得知。现代考古发掘证明，它的雄伟壮丽远胜于大流士一世昭令所说。仅大流士一世的接见大厅，面积就有10000平方米，大殿的屋顶，由六列高达20米的柱廊撑起，柱廊顶部装饰着牛头。根据最新发现的诏令，这个大厅使用了二十二个地区的人力、物力才得以建成。在苏萨宫廷的宫墙上，镶着精美琉璃砖浅浮雕，内容大多为王室侍卫、各种动物和神奇的怪兽。这种琉璃碑浅浮雕，就是中国古代典籍中所记载的壁琉璃，它在当时是一种最高级的装潢艺术。

## 极尽豪华的富裕之城

犹太人曾经记载了公元前483年波斯国王薛西斯在苏萨王宫举行的一次盛宴，参加者有波斯、米底和各省的权贵、首领，其内容如下："他为一切首领和大臣摆设宴席，把他荣耀国家的富足，他美好威严的尊贵，展示给他们观赏了多日。他在王宫的院子里摆设宴席，让所有人大吃大喝了

◆古波斯人物雕像

世界神秘之地

### 典雅的神奇之地——亚洲

SHIJIE
SHENMI ZHI DI

七天。那里有白色、绿色、蓝色的帐篷，用细麻绳、紫色绳从银环内系在白玉石柱上。有金银的床榻，摆在红、白、黑、黄玉石铺成的石地上。用黄金的器皿赐酒，器皿各不相同，御酒很多，足显国王的厚意。"

从他的描述中，我们可以看出苏萨宫廷真可谓极尽豪华。如果他的记载属实，那么薛西斯的这个宴会可以算是世界历史上最盛大的宴会。因为当时苏萨宫廷大小官吏就不下几万人，全城人口少说也有几十万人。这么多人在王宫中大吃大喝一星期，真是前无古人，后无来者，开创了宴会史上的世界之最。

由于帝国的强盛，都城的修建富丽堂皇颇为壮观，凸现波斯帝国中心区的富庶。因此，在希腊人眼里，苏萨成为世界上最富裕的城市，他们这才发出由衷的感叹："谁要是占有苏萨的财富，谁就可以与宙斯斗富！"

◆古波斯帝国宫城遗址一

◆古波斯帝国宫城遗址二

**轶闻趣事——亚历山大的财富难题**

事实上，我们从一组数据中也可以看出波斯帝国重要城市的富庶情况。亚历山大占领行政中心苏萨、故都帕萨家迪后，获得了大量财富。他在波斯所掠夺的财富统计如下：萨地斯城2000塔兰特；大马士革城3000塔兰特；伊萨斯城3000塔兰特；阿柏拉城3500塔兰特；苏萨城40000塔兰特；波斯波利斯城120000塔兰特；厄克巴旦120000塔兰特，总计白银7千余吨。难怪，亚历山大在攻占了一些城市后，遇到的最大难题是不知如何处置宫廷财富。

HAIYOU DUOSHAO
WEIZHI YU KENENG

还有多少未知与可能

# 玫瑰红城市
## ——约旦古城佩特拉

世界神秘之地

◆佩特拉古城的外观

◆佩特拉古城沿山开凿

当你一踏上约旦这块和平的土地，无论是在有悠久历史的罗马古城还是在大街小巷闲逛，都会有约旦人和你热情地打招呼："欢迎来约旦旅游，我喜欢中国，希望你们在约旦玩得愉快……"甚至宾馆的服务生还会帮你包扎当地的头巾，在酒吧的当地人会拉你一起跳民族舞蹈。

约旦的温馨神秘之旅就从这里开始，一起来体验玫瑰色、白色、绿色、蓝色等色彩分明的约旦古城吧。

佩特拉（Petra）是约旦的一座古城，位于约旦安曼南 250 千米处，隐藏在一条连接死海和阿卡巴海峡的狭窄的峡谷内。古代曾为重要的商路中心，厄多姆国的都城。1812 年以来陆续发现了许多古迹，大都雕刻在一条深谷的岩壁上。它是约旦旅游业的重点城市之一。

### 玫瑰红城市名称的由来

佩特拉以岩石的色彩而闻名于世，因其色彩而常常被称为"玫瑰红城市"。这是源于 19 世纪的英国诗人 J·W·柏根的一首诗里的那句话："一

典雅的神奇之地——亚洲

座玫瑰红的城市,其历史有人类历史的一半。"

实际上,佩特拉的岩石不只呈红色,还有淡蓝、橘红、黄色、紫色和绿色。佩特拉一词源于希腊文"岩石"(petrus)。很可能《旧约全书》中称的"塞拉"(意义也是岩石),即摩西出埃及后"点石出水"的地方,就是佩特拉。但也有学者认为《旧约全书》中的塞拉只是指石头,而不是一个城市的名字。

**广角镜——佩特拉在约旦的重要地位**

佩特拉古城(公元前9年~公元40年),它是约旦南部沙漠中的神秘古城之一,也是约旦最负盛名的古迹区之一。2007年7月被评选为世界新七大奇迹。

## 佩特拉的历史沿革

佩特拉的历史可以追溯到史前时代,这里曾是古代纳巴泰人建立的厄多姆王国都城。大约公元前312年,纳巴泰人(古代阿拉伯部落)在此定居。

在他们建造的众多安居地中,尤以首都佩特拉最为突出:这是亚喀巴与死海间的一片长峡谷区域。由于控制了重要的贸易通道,纳巴泰人变得强大而富有。佩特拉是他们的遗产。这些墓碑群曾被认为是房屋,现在人们认识到这是些坟墓,它们开凿于海拔914米的难以到达的岩石中。

其中有的墓碑群图案细致典雅;有的是纳巴泰特色的"阶梯式"山墙压顶装饰,体现了埃及和亚述建筑的风格。整个建筑重点放在正面,内部则是毫无装饰的巨室。

聪明的纳巴泰人选择佩特拉基于以下理由:第一,它易守难攻,唯一的入口是

◆卡兹尼神殿

## HAIYOU DUOSHAO WEIZHI YU KENENG
### 还有多少未知与可能

◆已经被盗窃一空的墓穴

世界神秘之地

◆西克峡谷

狭窄的山峡，敌方无法调集大军攻城，可说是一夫当关，万夫莫开；第二，资源丰富，环抱城市的高地平原上森林繁茂，木材丰富，牧草肥沃，利于游牧；第三，水源充足，一股终年不断的喷泉提供了可靠的水源。

公元106年，古罗马人接管佩特拉以后，佩特拉成为罗马帝国的一部分。在罗马人统治下，佩特拉曾一度繁荣昌盛。公元3世纪以后，随着贸易路线的改变，佩特拉的重要性大为削弱。最终它被遗弃了。在而后的漫长岁月中，除了阿拉伯沙漠中的游牧民族贝督因人外，少有游人访问此地。佩特拉只为当地部落的居民所知。

典雅的神奇之地——亚洲

## 神秘而特殊的地理位置

佩特拉的地理位置极其神秘并很特殊，唯一的入口是狭窄的山峡。这条通往佩特拉的必经之路是一个叫西（锡）克的山峡，深约60米。此峡谷最宽处约7米，最窄处仅能让一辆马车通过，全长1.5千米左右。进入峡谷，甬道回环曲折，险峻幽深，路面覆盖着卵石。峭壁上的岩石，在风雨长期作用下变得平整光滑，似刀削斧砍。顺峭壁仰望苍穹，蓝天一线，壮观而又美丽，"一线天"的名称由此而来。

公元1812年，佩特拉被一个名叫约翰·伯克哈特的瑞士探险者重新发现。此人能说一口流利的阿拉伯语，打扮得像一名穆斯林。他说服了当地的一位向导，表示希望能在一座墓前敬献一头山羊（因为他听到传说这座墓的附近有一座被埋没的城市）。那位向导便带着伯克哈特沿着如今游客到佩特拉的必经之路锡克——一条深陷在岩石的狭窄的裂缝行进。当他们沿着狭窄、隐蔽的锡克前进时，忽然间看见了阳光照射下的宝库正面，毫无疑问，这样的经历在任何时代都给人一种惊奇的感受。

◆西克峡谷"一线天"

 **你知道吗？**

现在，由于时常发生外国游客在古城迷路甚至失踪的情况，于是约旦方面规定，凡是进入佩特拉城的游客必须在傍晚之前离开，否则在旅途中遇到的一切危险自负。丑话说在前头，让这座"玫瑰城"弥漫着更神秘的色彩。

还有多少未知与可能

## 高大宏伟的城市建筑

◆罗马式的露天剧场

◆峡谷里的巨室

佩特拉整座城市的高大雄伟的殿堂排布在周围山崖的岩壁上，门檐相间，殿宇重叠，十分壮观。山谷在宝库的一边展开，展现出众多的开凿于岩石中的坟墓。这些墓由粉色的沙岩构成，也掺杂着很多其他颜色。有的碑上的雕刻暴露在风中，受到侵蚀而无法辨认。有足够的考古学方面的证据表明，早先的佩特拉既不是玫瑰红的也不是类似鲑鱼的粉红色，而是灰泥粉饰，与今天看到的情况完全不同。

"宝库"卡兹尼建于纪元初年，其建筑特色具有典型的古希腊后期建筑风格。这一建筑的设计风格与其说是纳巴泰式，不如说是古典式的。这是一座在岩石中建成的巨型建筑——其正面宽27米，高40米，入口高达8米，使得任何站在里面的人都显得极其渺小。

卡兹尼名为"宝库"，是因为传说这是历代佩特拉国王收藏财富的地方。整个殿门分两层，下层有两根罗马式的石柱，高10余米，门檐和横梁都雕有精细的图案。殿门上的3个石龛中，分别雕有天使、圣母以及带有翅膀的战士的石像。宫殿中有正殿和侧殿，石壁上还留有原始壁画。

进入其中后有一巨室，石阶尽头是一壁龛，其中或许存放过一位神的塑像。前面的空地是专门容纳前来朝拜的巨大人群的。佩特拉正面顶部的瓮被认为曾是用来存放某位法老财宝的，以前许多的旅游者曾尝试用枪击

典雅的神奇之地——亚洲

中这只瓮以获取其中的财宝。

**万花筒**

电影《变形金刚2》中变形金刚超级领袖的墓地，正是在佩特拉。

## 没进玫瑰城，枉到约旦

　　神殿的鬼斧神工令人惊叹，其中还有一座容纳两千多人的罗马式的露天剧场，周围还有很多寺院、住宅、浴室、墓窟的遗址，大多凿山而建，相当壮观。这能让我们终于明白为何佩特拉在约旦甚至比死海还有名，没进玫瑰城，枉到约旦。

　　佩特拉如同一本仅被读过几页的书，无论你走到佩特拉的何处，你都会面对这样或那样的一些谜。这里有许多无法解答的问题，而神秘的气氛使得这原已特别的地方更具吸引力。

　　愿考古学家和研究历史的学者向我们揭示更多有关佩特拉从史前到伊斯兰时代的历史。ACOR总裁于1994年这样说，"佩特拉城几乎还未被人触及过，我们期望会有许多惊人的发现等待着我们，这是个一流的考古地，一个中东最大的考古宝藏。"

**小贴士——在佩特拉拍摄的电影**

　　电影制片人史蒂芬·斯皮尔伯格和乔治·路卡斯合作，曾实地拍摄了影片《印第安纳·琼斯和最后的十字军》（又名《圣战奇兵》），以与考古学家们截然不同的艺术方式使佩特拉名垂青史！

　　影片《变形金刚2》中，男主角萨姆为了寻找原能矩阵拯救擎天柱，按照自己记忆图案的指引，来到了佩特拉。萨姆、米凯拉、大黄蜂以及双胞胎机器人所激战的玫瑰色神庙，就是位于佩特拉古城的一个神殿。

HAIYOU DUOSHAO
WEIZHI YU KENENG

还有多少未知与可能

## 独特的盐海
### ——"地球肚脐"死海

世界神秘之地

◆寂静的死海

◆漂浮在死海上的游客

◆死海海滨

在亚洲西部,巴勒斯坦和约旦交界处,有一片特殊的水域,每一年吸引成千上万的游客在这里驻足。在晴朗的日子里,这里是碧波荡漾;而在阴雨之时,则雾雨一片,朦朦胧胧,远山依稀,水天一片,这里总是让人感到迷离与神奇。

这片独特的水域就是死海,今天就让我们在这里流连忘返吧。

死海是地球心窝的泪水。死海的水面是地球上陆面的最低点,因此死海又享有"地球肚脐"的别称。泪水是苦涩的,象每个人内心深处的创痛。死海是世界的最低点,象深陷于地球心窝的一汪泪水,死海水也是苦涩的。传说中,希律大帝用死海的海水缓解了国家的忧虑。现实中,死海的海水治愈了无数人的疾痛。

死海也是世界上最深、最咸的咸水湖,最深处395米,最深处湖床海拔—800米,湖水盐度每升达300克,为一般海水的8.6倍。也是地球上盐分居第二位的水体。

典雅的神奇之地——亚洲

## 死海名称的由来

死海之名至少可追溯到希腊化时代（公元前323～公元前30年）。自从亚伯拉罕（希伯来人的祖先）时代所多玛城与蛾摩拉城的毁灭（据《旧约全书》记载，这两城因罪大恶极而被天火焚烧；两城旧址现可能已沉入死海南部）以来，死海一直同圣经历史联系在一起。

◆海滨美丽风景

死海是一个咸水湖，它的形成是自然界变化的结果。死海的源头主要是约旦河，河水含有很多的矿物质。河水流入死海，不断蒸发，矿物质沉淀下来，经年累月，越积越多，便形成了今天世界上最咸的咸水湖——死海。

死海是东非大裂谷的北部延续部分。水面平均低于海平面约415米，是地球表面的最低点。死海由地壳断裂而成，是断层湖，像是一个巨大的集水盆地。这是一块下沉的地壳，夹在两个平行的地质断层崖之间。死海湖中及湖岸均富含盐份。在这样的水中，鱼儿和其他水生物都难以生存，所以水中只有细菌和绿藻没有其他生物，岸边及周围地区也没有花草生长，故人们称之为"死海"。

## 死海海水的特点

死海水含盐量极高，且越到湖底越高，是普通海洋含盐份的8.6倍。在深水中达到饱和的氯化钠沉淀变为化石。由于湖水含盐量极高，游泳者很容易浮起来。一般海水含盐量为35‰，死海的含盐量达千分之300～320。在表层水中，每公升的盐分就达227～275克，所以说，死海是一个大盐库。据估计，死海的总含盐量约有130亿吨。但近年来科学家们发现，

## 还有多少未知与可能

死海湖底的沉积物中仍有绿藻和细菌存在。

由于盐水浓度高,游泳者极易浮起。湖中除细菌外没有其他动植物。涨潮时从约旦河或其他小河中游来的鱼会立即死亡。岸边植物也主要是适应盐碱地的盐生植物。死海湖岸荒芜,固定居民点很少,偶见小片耕地和疗养地等。

湖水呈深蓝色,非常平静、富含盐分的水使人不会下沉或无法游泳。如果要将自己浸入水中,则应将背逐渐倾斜,直到处于平躺状态。

◆死海碧波

**友情提醒**

去死海要带太阳镜、遮阳伞、宽檐帽、防晒霜、泳衣,还不要忘记带一双舒适的鞋子。

## 死海形成的原因

死海水中含有很多矿物质,水分不断蒸发,矿物质沉淀下来,经年累月而成为今天最咸的咸水湖。人类对大自然奇迹的认识经历了漫长的过程,最后依靠科学才揭开了大自然的秘密。

死海的形成是由于流入死海的河水不断蒸发、矿物质大量沉淀的自然条件造成的。那么,为什么会造成这种情况呢?原因主要有两条。其一,死海一带气温很高,夏季平均可达34℃,最高达51℃,冬季也有14℃~17℃。气温越高,蒸发量就越大;其二,这里干燥少雨,年均降雨

典雅的神奇之地——亚洲

量只有50毫米，而蒸发量是140毫米左右。晴天多，日照强，雨水少，补充的水量微乎其微，死海变得越来越"稠"——入不敷出，沉淀在湖底的矿物质越来越多，咸度越来越大。经年累月，世界上最咸的湖泊就这么形成了。

 **你知道吗？**

### 死海为什么有神奇疗效？

首先是高气压，死海是地球上气压最高的地方。空气中含有大量的氧，让人感到呼吸自在。同时大气中富含矿物质。海水蒸发后留下一批独特的氧化盐——富含镁、钠、钾、钙和溴。溴以其具有镇静疗效而闻名，它在死海周围空气中的密度比在地球其他任何地方的高出20倍。特别是死海泥，其中含有大量的硫化物和矿物质。它能很好地保温，清洁皮肤，减轻关节痛。

## 特殊的盐海

科学家认为：它的海水比大洋的海水咸9倍，海水溅入眼睛可不是好玩的事情。因此，到死海游泳可千万不能扑通一声跳下去。会游不见得会浮。不少人以为死海浮力大，人沉不下去，因此可以随心所欲地戏水。其实不然。在死海漂浮切忌动作过大而弄出水花溅进眼睛。关键是海水太浓，哪怕有一小滴进入眼睛，都会难受得要命。有经验的人都会带上一瓶淡水放在岸边，以便用来及时冲洗。有人不小心喝了一口海水，结果胃里难受了好几天，想吐也吐不出来。

岸边的结晶体坚硬带刺状，很容易划破皮肤。进入死海，平时微小到你自己根

◆死海岸边的结晶体

世界神秘之地

**HAIYOU DUOSHAO WEIZHI YU KENENG**

## 还有多少未知与可能

◆游客全身涂上死海泥

本察觉不到的细小挠破处都会马上有灼热感，真如同"伤口上撒盐"，不过经过死海盐浴后伤口会好得很快。另外，大部分死海海滩都是颗粒较大的鹅卵石沙滩，不常打赤脚走路的人，在沙滩上站起来甚至走一步都感到脚底疼痛难忍，所以说下死海"危险"。

死海的海水不但含盐量高，而且富含矿物质，常在海水中浸泡，可以治疗关节炎等慢性疾病。因此，每年都吸引了数十万游客来此休假疗养。

死海海底的黑泥含有丰富的矿物质，成为市场上抢手的护肤美容品。富含矿物质的死海黑泥，由于健身美容的特殊功效，使它成为以色列和约旦两国宝贵的出口产品。死海是世界上最早的疗养圣地（从希律王时期开始），湖中大量的矿物质含量具有一定安抚、镇痛的效果。成千上万的人从世界各地来到死海，以求恢复他们的精力和健康。

## 死海的未来

20世纪80年代初，人们发现死海正在不断变红，经研究，原来水中正迅速繁衍着一种红色的小生命——"盐菌"。其数量十分惊人，大约每立方厘米海水中含有2000亿个盐菌。另外，人们还发现死海还有一种单细胞藻类植物。看来，死海也是一个生机勃勃的世界。

但是，死海的实际情况实在不容乐观。死海在日趋干涸。在漫长的岁月中，死海不断地蒸发浓缩，湖水越来越少，盐度也就越来越高。在中东地区，夏季气温高达50℃以上。唯一向它供水的约旦河水被用于灌溉，所以死海面临着水源枯竭的危险。

死海的蒸发量大，约旦河输入的水量小，造成水面日趋下降。据专家统计，近十年来，死海水面每年下降40～50厘米。长此下去，在不久的将

典雅的神奇之地——亚洲

来，南部较浅的地方，海水将会消失；较深的北部，数百年后也可能干涸。到那时，死海真的要死了！

**小知识**

**小知识——死海能治多种疾病**

　　晒日光浴，洗海水澡治疗皮肤病；洗矿质温泉浴，敷加热后的死海泥，可治疗关节炎；利用高含氧的空气可治疗呼吸器官疾病。高血压、心脏功能和心血管系统疾病在死海也会有好转。

还有多少未知与可能

# 触怒天神之门
## ——"变乱"巴别塔

世界神秘之地

◆巴别塔

人类从产生的第一天开始，就在不断地认识和理解自己生存的这个世界、这个宇宙，不断探索，不断进步。古巴比伦人就是这样的一群人。他们通过自己的勤劳与智慧，创造了辉煌的巴比伦文明，并且让文明一直散发着诱人的魅力。

这是个充满神话的文明，今天就让我们在神话的奇幻光环中步入古巴比伦。

巴别塔（Tower of Babel），又名巴贝耳塔、通天塔、分音塔。另一种说法，"巴别塔"就是"巴比伦通天塔"，它属于巴比伦城。

巴比伦是一座令人神往的古城，它位于幼发拉底河和底格里斯河的交汇处。巴别塔本是巴比伦古城里的一座供奉巴比伦人的主神马都克的神庙。

## 宗教中的巴别塔

据犹太人《圣经·旧约·创世记》第11章宣称，当时人类联合起来希望兴建能通往天堂的高塔；为了阻止人类的计划，上帝让人类说不同的语言，使人类相互之间不能沟通，计划因此失败，人类自此各散东西。

《圣经》记载，上帝让彩虹与地上的人们定下约定，不再用大洪水毁灭大地。此后，天下人都讲一样的语言，都有一样的口音。诺亚的子孙越来越多，遍布地面，于是向东迁移。在示拿地（古巴比伦附近），他们发

典雅的神奇之地——亚洲

现一片平原，定居了下来。

但是其中有人怀疑上帝的承诺，鼓动大家说："来吧，我们要建造一座城，和一座塔，塔顶通天，传扬我们的名，免得我们分散在大地上。"由于大家语言相通，同心协力，建成的巴比伦城繁华而美丽，高塔直插云霄，似乎要与天公一比高低。

没想到此举惊动了上帝！上帝发觉自己的誓言受到了怀疑，上帝不允许人类怀疑自己的誓言，就像我们不喜欢别人怀疑自己那样，上帝决定惩罚这些忘记约定的人们。于是他悄悄地离开天国来到人间，改变并区别开了人类的语言，使他们因为语言不通而分散在各处，那座塔于是半途而废了。

◆古巴比伦城

那共同的语言被称为亚当语。高塔中途停工的画面在宗教艺术中有象征意义，表示人类狂妄自大最终只会落得混乱的结局。

### 小知识

#### "美索不达米亚"指哪里？

"美索不达米亚"是古希腊语，意为"两条河中间的地方"，故又称为两河流域。两河指的是幼发拉底河和底格里斯河。古巴比伦就位于美索不达米亚平原，大致在当今的伊拉克共和国版图内，在公元前3000年左右，这里的人们建立了国家，到公元前18世纪，这里出现了文明古国巴比伦王国。

## 历史中的巴别塔

在希伯来语中，"巴别"是"变乱"的意思，于是这座塔就称作"巴

## HAIYOU DUOSHAO WEIZHI YU KENENG
### 还有多少未知与可能

世界神秘之地

◆木刻版巴别塔

◆古巴比伦花园旧址

别塔"。也有人将"变乱"一词解释为"巴比伦",称那座城叫"巴比伦城",称那座塔叫"巴比伦塔"。而在巴比伦语中,"巴别"或"巴比伦"都是"神之门"的意思。同一词汇"巴别",在两种语言里竟会意思截然相反,着实令人费解。

事实上,"巴别"塔很早就在巴比伦存在,古巴比伦王国的几位国王都曾进行过整修工作。但外来征服者不断地将之摧毁。那波博来萨建立了新巴比伦王国后,也开始重建"巴别"通天塔,他在铭文中写道:"巴比伦塔年久失修,因此马尔杜克命我重建。他要我把塔基牢固地建在地界的胸膛上,而尖顶要直插云霄。"备受人称赞的"巴别塔"一般指的就是那波博来萨父子修建而成的那一座。

这座塔的规模十分宏大。公元前460年,即塔建成150年后,古希腊历史学家希罗多德游览巴比伦城时,对这座已经受损的塔仍是青睐有加。根据他的记载,通天塔建在许多层巨大的高台上,这些高台共有8层,愈高愈小,最上面的高台上建有马尔杜克神庙。墙的外沿建有螺旋形的阶梯,可以绕塔而上,直达塔顶;塔梯的中腰设有座位,可供歇息。塔基每边长大约90米,塔高约90米。

### 万花筒

一提到巴比伦文明,令人津津乐道、浮想联翩的,首先是被誉为世界七大奇迹之一的"空中花园"。

典雅的神奇之地——亚洲

## 人类骄傲的标志

"巴别"塔是当时巴比伦国内最高的建筑,在国内的任何地方都能看到它,人们称它"通天塔"。也有人称它是天上诸神前往凡间住所途中的踏脚处,是天路的"驿站"或"旅店"。

也有人认为,"巴别"塔是多功能的。塔的底层是祭祀用的神庙,塔顶则是用于军事瞭望的哨所。

通天塔硕大无比,《旧约全书》中的犹太人把它看作人类骄傲的标志,四面是僧侣们朝拜的豪华的殿堂,许多宽敞的仓库,连绵的白墙,华丽的铜门,环绕的碉堡,以及林立的一千座敌楼。当年这样壮丽豪华的景象,在整个巴比伦是无与伦比的。

◆古巴比伦花园复员图

## 雄壮的古巴比伦城

巴比伦是一座令人神往的古城,它位于幼发拉底河和底格里斯河的交汇处。在新巴比伦王国时期,巴比伦也是古代两河流域地区最壮丽最繁华的都市,巴比伦古城有内外两道城墙,城里最壮观的建筑物,就是著名的"空中花园",以及那座据说让上帝感到又惊又怒的巴别通天塔。

巴比伦城墙的厚度,可以让一辆4匹马拉的战车转身。其长度约16千米,每隔一段距离就有一座城楼。城墙的两端起于幼发拉底河畔。河对岸是巴比伦的新城区,一座大桥横跨幼发拉底河,使新城区跟主城连在一

◆复制的古巴比伦城门

HAIYOU DUOSHAO
WEIZHI YU KENENG

**还有多少未知与可能**

起。所以，这座城墙不仅是巴比伦人用来抵御敌人的主要屏障，而且也是一道保护巴比伦城不受河水泛滥之害的可靠堤防。巴比伦城有 100 座铜做的城门，因此希腊大诗人荷马又把巴比伦城称为"百门之都"。

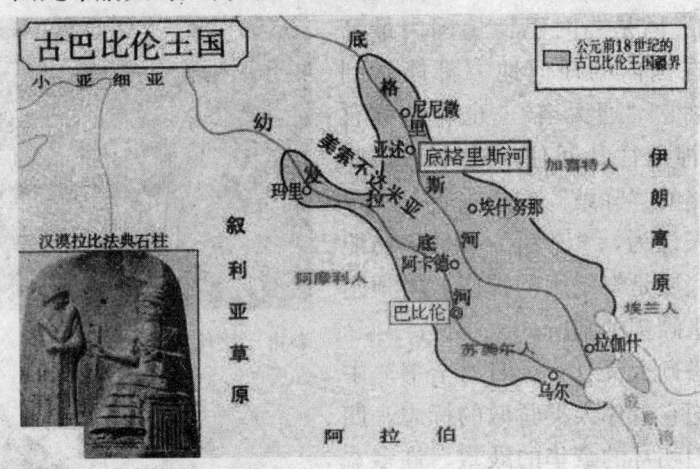

◆古巴比伦王国疆界图

◆古巴比伦遗迹

巴比伦古城的大门叫典礼门，高 4 米多，宽 2 米左右。这座城门建筑得十分牢固，公元前 568 年波斯人在摧毁巴比伦古城时，只有这座城门幸存下来。在千百年风雨剥蚀下，古城城墙已坍塌无存，唯独这座城门依然完好如初。

在波斯人彻底摧毁了巴比伦之后，人们对巴比伦通天塔仍然念念不忘。公元前 331 年，当亚历山大大帝占领已经荒芜的巴比伦后，他曾经想重建通天塔。但是，单单清除废塔的砖瓦就需要一万人工作两个月。最后他只好放弃了这个计划。

千百年过去了，不知有多少人一直想找到巴比伦古城遗址。

1899 年 3 月，一批德国考古学家，在今天巴格达南面 50 多千米的幼发拉底河畔，进行了持续 10 多年之久的大规模考古发掘工作，终于找到了

世界神秘之地

典雅的神奇之地——亚洲

已经失踪两千多年、由尼布甲尼撒二世在公元前605年改建后的巴比伦古城遗址。

考古学家们现在仍在巴比伦古城遗址上进行着发掘工作。许多宫殿、神庙、街道和住房已经渐渐露出地面。考古学家们正在和历史学家、艺术家们一起，根据发掘出来的文物，复制古城巴比伦大多数建筑物的原型，以便有朝一日能使这座人类宏伟的古城恢复旧观。

 知识库——你知道电影《通天塔》吗？

在第59届法国戛纳电影节上，墨西哥导演阿加多执导的影片《通天塔》，得了最佳导演奖。该电影对当今世界困扰人类的语言、种族、信仰等诸多问题进行了深刻反思，表达了对人类自身困境及自我发展前途的深度体察与忧思。

世
界
神
秘
之
地

**HAIYOU DUOSHAO WEIZHI YU KENENG**

还有多少未知与可能

# 东方的奇迹
## ——"千古第一陵"秦始皇陵

万里长城、秦驰道、灵渠、阿房宫,这一项项浩大工程都与一个皇帝有关,他就是中国历史上赫赫有名的第一位皇帝秦始皇。这位中国历史上第一个雄才大略的君主,其非凡的功绩在中国帝王中也只有数人能与之相比。虽然他在晚年大兴土木,给人民带来了沉重的灾难,但他对中国历史所作的功绩远远大于他的过失。

今天就让我们一起走进他为自己建造的宏伟陵墓,一睹这座体现劳动人民勤奋和聪明才智的高大封冢的风采。

世界神秘之地

◆秦始皇陵的挖掘

◆跪射俑

秦始皇陵位于距西安市30多千米的临潼县城以东的骊山脚下。它南依骊山的层层叠嶂,山林葱郁;北临逶迤曲转、似银蛇横卧的渭水之滨。高大的封冢在巍巍峰峦环抱之中与骊山浑然一体,景色优美,环境独秀。

典雅的神奇之地——亚洲

陵墓规模宏大，气势雄伟。陵园占地总面积为56.25平方千米。陵上封土原高约115米，现仍高达76米，陵园内有内外两重城垣，内外城廓有高约8～10米的城墙，今尚残留遗址。墓葬区在南，寝殿和便殿建筑群在北。

## 神秘莫测的皇家陵园

1974年1月29日，在秦始皇陵坟丘东侧1.5千米处，当地农民打井，无意中挖出一个陶制武士头。后经国家有关组织的发掘，终于发现了使全世界都为之震惊的秦始皇陵兵马俑。

秦王朝是中国历史上辉煌的一页，秦始皇陵更集中了秦代文明的最高成就。秦始皇把他生前的荣华富贵全部带入地下。"秦王扫六合，虎势何雄哉；挥剑决浮云，诸侯尽西来。"秦始皇——这位叱咤风云的旷世君主，不仅为后人留下了千秋伟业，还留有这座神秘莫测的皇家陵园。

**小知识**

秦始皇陵是中国历史上第一个皇帝陵园，也是中国历史上最大的皇帝陵。

秦始皇陵是中国历史上第一个皇帝陵园。其巨大的规模和丰富的陪葬物，居历代帝王陵之首。陵园按照秦始皇死后照样享受荣华富贵的原则，仿照秦国都城咸阳的布局建造，大体呈回字形，陵墓周围筑有内外两重城垣，陵园内城垣周长3870米，外城垣周长6210米，陵区内目前探明的大型地面建筑为寝殿、便殿、园寺吏舍等遗址。为了防止河流冲刷陵墓，秦始皇还下令将南北向的水流改成东西向。在内城和外城

◆兵马俑坑

### 还有多少未知与可能

之间，考古工作者发现了葬马坑、陶俑坑、珍禽异兽坑，以及陵外的人殉坑、马厩坑、刑徒坑和修陵人员的墓室。已发现的墓坑有400多座。秦始皇陵的规模之大远非埃及金字塔所能比。

 **你知道吗？**

> 据史书记载：秦始皇嬴政从13岁即位时就开始营建陵园，由丞相李斯主持规划设计，大将章邯监工，修筑时间长达38年，工程之浩大、气魄之宏伟，创历代封建统治者奢侈厚葬之先例。
>
> 古埃及金字塔是世界上最大的地上王陵，中国秦始皇陵是世界上最大的地下皇陵。

世界神秘之地

## 秦始皇陵的艺术特色

◆将军俑头像

兵马俑坑是秦始皇陵的陪葬坑，位于陵园东侧1500米处。1974年春被当地打井的农民发现。由此埋葬在地下两千多年的宝藏得以面世，被誉为"世界第八奇迹"。它为研究秦朝时期的军事、政治、经济、文化、科学技术等，提供了十分珍贵的实物资料，成为世界人类文化的宝贵财富。兵马俑坑现已发掘3座，俑坑坐西向东，呈"品"字形排列，坑内有陶俑、陶马8000多件，还有4万多件青铜兵器。坑内的陶塑艺术作品是仿制的秦朝卫军。近万个陶质卫士，分别组成了步、弩、车、骑四个兵种。在地下坑道中的所有卫士都是面向东方放置的。

秦始皇陵一号坑为"右军"，埋

## 典雅的神奇之地——亚洲

葬着和真人真马同大的陶俑、陶马约6千件；二号坑为"左军"，有陶俑、陶马1300余件，战车89辆，是一个由步兵、骑兵、战车等三个兵种混合编组的曲阵，也是秦俑坑的精华所在；三号坑有武士俑68个，战车1辆，陶马4匹，是统帅地下大军的指挥部。这个军阵是秦国军队编组的缩影。1980年又在陵园西侧出土青铜铸大型车马2乘，

◆铜马车

引起全世界的震惊和关注。这些按当时军阵编组的陶俑、陶马为秦代军事编制、作战方式、骑步卒装备的研究提供了形象的实物资料。

**你知道吗？**

兵马俑的发现被誉为"世界第八大奇迹"，"20世纪考古史上的伟大发现之一"。秦俑的写实手法作为中国雕塑史上承前启后的艺术为世界瞩目。现已在一、二、三号坑成立了秦始皇陵兵马俑博物馆，对外开放。

## 秦陵风水的传说

骊山以它特有的温泉和风景而闻名于世。西周末年的周幽王与爱妾褒姒曾在这里演出了一场烽火戏诸侯的历史悲剧，从而葬送了西周王朝。相传秦始皇生前在骊山与神女相遇，游览当中欲戏神女，神女盛怒之下，朝他脸上唾了一口，秦始皇很快就长了一身的烂疮。

◆远眺秦始皇陵土冢

## HAIYOU DUOSHAO WEIZHI YU KENENG
### 还有多少未知与可能

◆二号坑景象

◆三号坑景象

虽然这是一个神话故事，但隐隐约约可以看出秦始皇与骊山似乎有些缘分。他的墓地也选在骊山之旁。秦始皇为什么特别迷恋骊山这块风水宝地呢？

古人把墓地的选择看作是一件造福于子孙后代的大事，尤其象秦始皇这个企图传之于万世的封建帝王自然对墓地的位置更加重视。他之所以要安葬在骊山，有学者认为秦始皇把陵墓选在骊山一是取决于当时的礼制，二是受"依山造陵"传统观念的影响。现在从风水角度来看秦始皇陵也不失为一块理想的风水宝地。

应该说秦始皇陵是"依山傍水"造陵的典范。秦代"依山环水"的造陵观念对后代建陵产生了深远的影响。西汉帝陵如高祖长陵、文帝霸陵、景帝阳陵、武帝茂陵等就是仿效秦始皇陵"依山环水"的风水思想选择的。以后历代陵墓基本上继承了这个建陵思想。

世界神秘之地

你知道吗？

秦始皇是对我国历史作出过巨大贡献，产生过巨大影响的皇帝。但是他又是统治残暴的封建皇帝。他广建宫殿陵墓，制定残酷的刑法，使人民生活在水深火热之中；他焚书坑儒，钳制了思想，摧残了文化。

典雅的神奇之地——亚洲

## 陵墓内果真有飞雁吗？

秦地宫内有哪些珍贵的随葬品？千百年来由此引发了许多神奇的传说故事。地宫飞雁就是一个十分迷人的传说。

《三辅故事》记载，楚霸王项羽入关后，曾以三十万人盗掘秦陵。在他们挖掘过程中，突然一只金雁从墓中飞出，这只神奇的飞雁一直朝南飞去。斗转星移过了几百年，到三国时期（宝鼎元年），一位在日南做太守的官吏名曰张善，一天，有人给他送来一只金雁，他立即从金雁上的文字判断此物乃出自始皇陵。

◆兵马俑近照

这个神奇的传说有没有历史依据？近年来有的学者著文指出："这虽然是个传说故事，但说明秦陵内的文物曾经流失于外，并且远达云南以南。至于说金雁制作精巧，不但好看，而且还能飞，这也是有可能的。因为在春秋时期，著名工匠鲁班已经能制造出木雁，在天空中飞翔，直飞到宋国的城上。几百年后，秦国的工匠能制造出会飞的金雁，这是可信的。"

在中国这个历史上不甚看重科技的国度内，倘若在2200多年前就能制造出会飞的金雁，这在中国科技史乃世界科技史上都是一个罕见的奇迹。然而，金属飞雁的可信程度确实令国人捏把汗。假如仔细推敲，立即就会看出这个传说的破绽之处。试想一个金属物体在空中飞翔并不象放风筝和轻气球那样简单易行。假设秦代有能力制作会飞的金雁，那么金雁埋入地宫之后将会不停地自动飞翔，一直在地宫内飞行了近一千个日日夜夜。当项羽打开地宫的墓道时，这个自动飞翔的金雁又沿着地宫的墓道顺利地飞出地面，然后又越过秦陵南侧数千米高的山峰飞往遥远的南方。如果这个奇闻不是闲聊文人编造出来的话，那么金雁的控制与指挥系统恐怕连今天

## 还有多少未知与可能

的电脑也望尘莫及了。

### 谜一般的地下陵园

◆秦始皇像

从已发掘的秦始皇陵遗迹看，似乎秦始皇要把生前的宫室、山河及其他一些物品都带到地下世界去，而要实现这一点，非建造广阔的墓室不可。皇陵墓道之长也难以想象，若说有三百丈洞室的存在自在情理之中，难怪有人认为，秦始皇陵地宫的洞室就在现在人造封土以南直达骊山中心主峰——望峰之下。

时常有人问，秦始皇为什么要用那么多的泥人泥马来陪葬呢？有人认为，秦始皇陵实质上是按古代礼制"事死如事生"的要求特意设计的。因为秦始皇即位后，用了大部分的精力和时间进行统一全国的战争。当时他率领千军万马南征北战，从而并吞了六国，统一了天下。为了显示他生前的功绩，以军队的形式来陪葬似乎是一种必然。

究竟建造兵马俑军阵是出于何种目的，一时还无法定论。

一代伟人秦始皇，诸多谜底墓中藏。

典雅的神奇之地——亚洲

SHIJIE
SHENMI ZHI DI

# 悬崖上的坟墓
## ——"上古遗存"悬棺

在中国历史上，有很多奇特的丧葬习俗，比如说南方一些民族的水葬，一些少数民族还曾经风行过"腹葬"，就是死者的亲朋好友一起把死者的尸体分着吃了，他们认为，这样死者的灵魂能够得以安慰。当然，这种非常奇怪的葬礼，我们现在已经无法看到了。

今天，我们要说的是另外一种非常奇特的古代丧葬形式。

◆夫妻合葬的悬棺木桩悬架式

中国南方古代少数民族有一种特殊的葬式叫悬棺。这是崖葬中的一种，在悬崖上凿数孔钉以木桩，将棺木置其上；或将棺木一头置于崖穴中，另一头架于绝壁所钉木桩上。人在崖下可见棺木，故名。"悬棺"一词，来源于梁陈间顾野王"地仙之宅，半崖有悬棺数千"一语。

1946年中国学者考察四川珙县、兴文悬棺葬时，始将此词作为专称。

◆高悬崖畔的悬棺群

世界神秘之地

"科学就在你身边"系列

HAIYOU DUOSHAO
WEIZHI YU KENENG
还有多少未知与可能

## 悬棺的独特悬法

◆特殊的放置方式

悬棺葬式在我国主要分布于古代南方少数民族地区。对这种富有深厚文化内涵的悬棺葬式，存在着许多令今人无法解释的困惑之处。悬棺葬这种奇特的葬式就是在江河沿岸，选择一处壁立千仞的悬崖，用我们至今仍不知晓的方法，将仙逝者连同装殓他的尸棺高高地悬挂（置）于悬崖半腰的适当位置。葬地的形势各异，归葬的个体方式也略有差别：或于崖壁凿孔，椽木为桩，尸棺就置放在崖桩拓展出来的空间；或在约壁上开凿石龛，尸棺置入龛内；或利用悬崖上的天然岩沟、岩墩、岩洞置放尸棺。人死了，要找个归宿，要为失去灵魂的躯壳找一个妥当的安置办法，从这个意义上讲，悬棺葬和土葬、火葬、水葬、天葬等等葬式一样平常。然而，凝神屏息想想：一口沉甸甸的尸棺，一具冷冰冰的尸骨，怎么会"飞"到那高高的悬崖上？尸棺的主人是谁？我们有限的智慧还难以揭开这用千年的沉默掩藏的真相，梦魇中便无法逃避悬棺的阴影。

世界神秘之地

◆龙虎山悬棺

最早对这个问题提出解释的，大概是南朝人顾野王。他把武夷山中搁置悬棺的崖洞称为"地仙之宅"，意思是神仙的墓葬之处。神仙有腾云驾雾的本领，悬空置棺当然就不会有什么困难。后人据此猜测，"云是仙人葬骨"之处（《太平寰宇记》），故武夷山的一些洞

## 典雅的神奇之地——亚洲

穴也就有了升真洞、仙机洞、换骨岩之类的美称。神仙已是幻想中的产物,而传为长生不死的神仙居然也会像凡人一样死去,尤属匪夷所思。不过这些说法既然得以流传,至少说明古人多认为若非神仙出手,仅靠常人是难以实施凌空悬棺这种奇特的葬法的。

### 广角镜——中国有名的悬棺

龙虎山悬棺、宁武石门悬棺、僰人悬棺、豆沙关悬棺、磨坪悬棺、小三峡悬棺和武夷山悬棺等。

唐张鷟《朝野佥载》中,曾记有古人在临江高山半山腰间开凿石穴安葬死者的情形,办法是从山顶上放绳索把棺木吊下来。1978年,福建省博物馆曾使用这种方法,用辘轳自山顶上放下钢绳,从武夷山白岩洞取下一具完整的船棺。但是,今人所实践的吊置棺木之法,并不能解决古人置放悬棺过程中的所有细节问题,比如怎样在崖壁上凿孔并打入木桩搁置棺木,用什么办法才能把棺木勾拉到预定的位置上,其困难之大均难以想像。何况三千年前的古人怎么可能拥有足以吊起数百公斤重量的钢绳呢?

◆僰人悬棺

有论者指出,由于脱离了距今千百年的时代和华南行悬棺葬民族的社会历史背景,有关古人采用与绞车、滑轮类似的提举技术的说法,其实是缺乏有力证据的,所以要说已经解开了这一千古之谜,实在难以令人信服。

逝者如斯,古人在这方面的"聪明才智"究竟为何种技术,自然还有待今人的进一步探索了。

## 还有多少未知与可能

### 探究悬棺的秘密

◆宁武石门悬棺

世界神秘之地

有这样一则轶闻：1933年，一位姓陈的地方官为了探究悬棺的奥秘，雇用两名樵夫，从豆沙关的绝壁上掀下两具悬棺，其中一具运到昭通省立第二中学供考察、展览。没多久，两名樵夫均都意外惨死。第二年，一位叫熊廷权的赈灾的官员，公务之余，到省立二中参观，看了悬棺及棺木中的遗骸，又听到了惨死的樵夫的故事，便有些坐不住了，对校长再三进言："文王泽及枯骨，古人遗骸何当玩弄？请以礼葬之。"校长只得将悬棺遗骸归葬。这位熊大人仍难以心安，还颤颤惊惊地写了一篇谏文，敬鬼神而远之。

在云南，今昭通地区沿金沙江、白水江、关河流域的悬棺不说是绝无仅有，肯定是分布最多、最为集中的地区。关河南岸，削壁腾立，参天而起，高达四五百米，悬棺就存放于绝壁半腰一处方形岩坎内。20世纪30年代调查有棺40多具，此后或堕落入关河，或被好奇者、居心叵测者破坏，今仍存有10余具。远眺，在清淡得近乎透明的天穹下，在沉重得势将倾倒的绝壁的阴影中，尸棺累累，凌空悬置，确实会让人生出许多难以言喻的思绪，臆想出许多神魔怪异的故事，难怪熊大人要苦苦祈告"臻百福兮降百祥，千秋万岁兮无厉无殃"。

典雅的神奇之地——亚洲

SHIJIE
SHENMI ZHI DI

**你知道吗？**

从悬棺中发掘的文物看，悬棺产生于至今约2000多年前的战国时期。悬棺中还发现了类似今人用的"被褥"，内装絮状物依稀可见。经过考证，专家认为，悬棺中的主人应是巴人中的"贵族"，官居何职尚待论证。

## 悬棺如何产生？

悬棺葬研究是一个多学科交叉的综合性课题，其一个个具体项目，几乎都是悬案，所以也有人以"悬棺葬之谜"作为统称。这里简略介绍一个和民俗学研究关系最密切的问题：这种奇特的葬俗是怎么产生的？

生活在福建周宁、福鼎、柘荣、屏南等地区的畲族同胞，有一个关于悬棺葬由来的传说：上古时，畲族的始祖盘瓠王与高辛帝的三公主成亲，育有三男一女，全家迁居凤凰山狩猎务农。因盘瓠王是星宿降世，生不落地，死不落土，所以他去世后儿孙们就用车轮和绳索把棺木置于凤凰山悬崖峭壁的岩洞中。其后代代沿袭，形成了古代畲族人的悬棺葬习俗。畲族的"畲"字，古时写成"輋"字，也包含了这个故事的意思：在凤凰山，有位大人物去世后，用车轮把棺木悬挂在峭壁岩洞中安葬。

◆靠近地面的悬棺

上述传说，点明了古人施行悬棺葬的用意，是为了"死不落土"。那么，这种观念是如何产生的，其他地区和民族的悬棺葬习俗是否也受同样

世界神秘之地

## HAIYOU DUOSHAO WEIZHI YU KENENG
## 还有多少未知与可能

世界神秘之地

◆悬棺旁泸溪河美景

的观念支配？就笔者寡见，目前似乎还没有人从这个角度探讨过。

也有人认为施行悬棺葬是"孝道"的表现或是为了追求吉利。也有人认为古代越与濮及其后裔民族大多生活于高山僻壤中，把高山险峰、崇山峻岭视为生活的依托，或因其难以接近、难以触及而产生神秘感，进而把它作为神灵所居或通天之路加以顶礼膜拜，所以他们便把死者的灵柩置于高山峻岭的崖穴之间，这样不但使亡魂接近神仙天国，更重要的是使之易于皈附于神仙天国。

还有一种观点认为，纵观悬棺葬遗存的分布，几乎都在临江面水的悬崖绝壁上，表现出行悬棺葬的民族都具有"水行山处"的特点，而葬具形式则以船形棺和整木挖凿的独木舟式棺材为主。船形棺或独木舟式的棺具之主要涵义并不在于如有些人认为的是普渡灵魂回归故乡或驶向彼岸世界，而在于满足祖先在幽冥中的生活需要；至于将棺木高置于陡崖绝壁，则是尽量避免人兽或其他因素对尸骸的伤害，这样才能使祖先的灵魂得到永久的安息，并得到其在冥冥之中的赐福和保佑。

## 龙虎山悬棺

悬棺葬遍及川、黔、滇、湘、桂、粤、浙、赣、闽、皖等省，主要存在于福建武夷山地区和四川与云南交界的珙县、兴文、筠连、镇雄等县。

龙虎山位于江西鹰潭市南郊，按照"北孔（孔子）南张（张天师）"的说法，曾是张天师修炼宝地的龙虎山就是我国道教的发祥地。龙虎山的区域内有99峰、24岩，蜿蜒流淌于群山之间的是水色清漪的仙水溪。悬棺遗址位于仙水岩一带。仙水岩诸峰峭拔陡险，岩壁光滑平展，岩脚下便是泸溪河。

## 典雅的神奇之地——亚洲

临水悬崖绝壁上布满了各式各样的岩洞，里面有一百多座二千五百多年前春秋战国时期古越人的岩墓悬棺，其葬位高度为 20 米至 50 米之间。在大片岩壁上，洞穴星罗棋布，从泸溪河舟中或地面眺望，可隐约望见洞口或钉木桩，或封木板，"藏一棺而暴其半者"多处可见。因这些洞穴高不可攀，无人入内，其中所藏之物，多少个世纪以来一直是一个不解之谜。

◆龙虎山悬棺崖墓

◆电影《画皮》中的峭壁悬棺

 **链接——龙虎山崖墓群**

龙虎山崖墓数以百计，全部镶嵌在悬崖峭壁之上，整个崖墓群如一幅巨大画卷，极具神话色彩。龙虎山崖墓群是中国春秋战国时的岩墓群。除最集中的仙水岩有上百座外，马祖岩、金龙峰以及周围地区均有零星崖墓。它们的位置几乎都在悬崖峭壁之上，高低不等，远远看去大小不一，随着洞穴的变化而变化，形成奇特的景观。

"科学就在你身边"系列

HAIYOU DUOSHAO
WEIZHI YU KENENG
还有多少未知与可能

世界神秘之地

# 丝绸之路上的神秘国度
## ——"沙中庞贝"楼兰古国

◆楼兰遗址

◆楼兰遗址上枯朽的胡杨林

"黄沙百战穿金甲,不破楼兰终不还",这首抒发边关将士豪情壮志的边塞诗,出自唐代著名诗人王昌龄之手。但是这首千古名诗,并不是一首写实之作。从所涉及的地名看,相距不下千百里。青海湖在今青海省西宁市西,玉门关故址在今甘肃敦煌县西,而唐朝的西域根本没有一个楼兰国。但是诗人为了表现守边战士的英勇无畏和爱国热忱,却把它们写到了一首诗里。这在诗歌创作里是允许的。

那么楼兰国究竟是指哪里呢?为什么后来它又突然消失了呢?楼兰人都到哪里去了呢?

楼兰是汉代西域一个强悍的部族,他们居住在新疆塔克拉玛干大沙漠的东部,罗布泊的西北缘。楼兰人的首都就是著名的楼兰古城。据记载,那时的楼兰国曾经是人们生息繁衍的乐园,政通人和,经济繁荣,物产丰富,是"丝绸之路"上的一个繁华之邦。公元前108年,楼兰国臣服了汉朝,年年岁岁进贡来朝,以后几降几反,成为当时汉朝的心腹之患。

典雅的神奇之地——亚洲

SHIJIE SHENMI ZHI DI

## 楼兰古国的发现

1900年3月,瑞典探险家斯文·赫定沿塔里木河向东,到达孔雀河下游,想寻找行踪不定的罗布泊。3月27日,探险队到达了一个土岗。这时,糟糕的事情发生了,斯文·赫定发现他们带来的水泄漏了许多。在干旱的沙漠中,没有水就等于死亡。他们于是去寻找水源。令人难以置信的一幕发生了,一座古城出现在他们的眼前:有城墙,有街道,有房屋,甚至还有烽火台。斯文·赫定在这里发掘了大量文物,包括钱币、丝织品、粮食、陶器、36张写有汉字的纸片、120片竹简和几支毛笔等。

◆蜿蜒的塔里木河

斯文·赫定回国后,把文物交给德国的希姆莱鉴定。经鉴定,这座古城就是赫赫有名的古国楼兰,整个世界震惊了。于是,许多国家的探险队随之而来。经历史学家和文物学家长期不懈的努力,楼兰古国神秘的面纱被撩开了一角。

世界神秘之地

◆楼兰古城的位置

◆楼兰出土的雕花木框(3世纪)

"科学就在你身边"系列

## HAIYOU DUOSHAO
## WEIZHI YU KENENG
### 还有多少未知与可能

1979年,新疆考古研究所组织了楼兰考古队,开始对楼兰古城古道进行调查、考察。在通向楼兰道路的孔雀河下游,考古队发现了大批的古墓。其中几座墓葬外表奇特而壮观:围绕墓穴是一层套一层共七层由细而粗的圆木,圈外又有呈放射状四面展开的列木。整个外形像一个大太阳,不由得让人产生各种神秘的联想。

## 历史中的楼兰古国

据部分史书记载,早在2世纪以前,楼兰就是西域一个著名的"城廓之国"。它东通敦煌,西北到焉耆、尉犁,西南到若羌、且末。古代"丝绸之路"的南、北两道也从楼兰分道。

楼兰属西域三十六国之一,与敦煌邻接,公元前后与汉朝关系密切。古代楼兰的记载以《汉书·西域传》、法显以及玄奘的记录为基础。《汉书·西域传》记载:"鄯善国,本名楼兰,王治扜泥城,去阳关千六百里,去长安六千一百里。户千五百七十,口四万四千一百。"法显谓:"其地崎岖薄瘠。俗人衣服粗与汉地同,但以毡褐为异。其国王奉法。可有四千余僧,悉小乘学。"玄奘三藏在其旅行末尾作了极其简单的记述:"从此东北行千余里,至纳缚波故国,即楼兰地也。"

◆楼兰佛塔

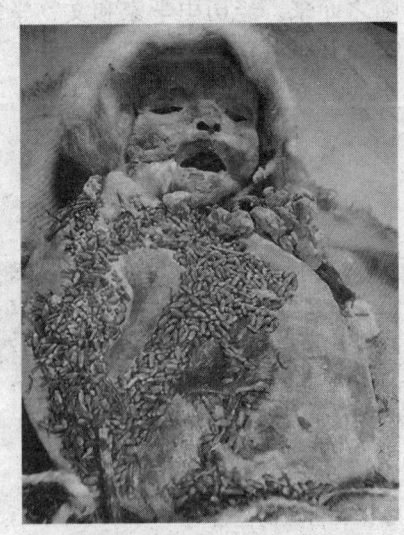

◆小河墓地的干尸

典雅的神奇之地——亚洲

汉时的楼兰国，有时成为匈奴的耳目，有时归附于汉，玩弄着两面派的政策，介于汉和匈奴两大势力之间，巧妙地维持着其政治生命。由于楼兰地处汉与西域诸国交通要冲，汉不能越过这一地区打匈奴，匈奴不假借楼兰的力量也不能威胁汉王朝，汉和匈奴对楼兰都尽力实行怀柔政策。

## 楼兰古城之谜

到新疆，对一个探险旅游者来说，有一处地方是充满吸引力的。这个被称为"沙漠中的庞贝"的神秘古城，就是西域古国楼兰。

楼兰在历史上是丝绸之路上的一个枢纽，中西方贸易的一个重要中心。司马迁在《史记》中曾记载："楼兰，姑师邑有城郭，临盐泽。"这是文献上第一次记载楼兰城。西汉时，楼兰的人口总共有一万多人，商旅云集，市场热闹，还有整齐的街道，雄壮的佛寺、宝塔。

东晋后，中原群雄割据，混战不休，无暇顾西域，楼兰逐渐与中原失去联系。到了唐代，中原地区强盛，唐朝与吐蕃又在楼兰多次兵戎相见。"五月天山雪，无花只有寒。笛中闻折柳，春色未曾看。晓战随金鼓，宵眠抱玉鞍。愿将腰下剑，直为斩楼兰。"（李白《塞下曲》）。"青海长云暗雪山，孤城遥望玉门关。黄沙百战穿金甲，不破楼兰终不还。"（王昌龄《从军行》）。可见，楼兰在唐朝还是边陲重镇。然而，不知在什么年代，这

◆楼兰美女干尸

◆"楼兰美女"复原图

世界神秘之地

HAIYOU DUOSHAO
WEIZHI YU KENENG

**还有多少未知与可能**

个繁荣一时的城镇神秘地消失了。繁华多时的楼兰城为什么突然销声匿迹，绿洲变成沙漠、戈壁，沙进城埋呢？楼兰古国究竟在何方呢？成了人们猜了若干世纪的不解之谜。

## 楼兰女尸

1980年考古学家穆舜英在孔雀河下游的铁板河三角洲发掘出一具女性干尸，史称"楼兰美女"。这是迄今为止新疆出土古尸最早的一具，距今约有三千八百年的历史。科学测定该女子死时为四十五岁左右，生前身高1.57米，现重10.1千克，血型为O型，出土时她仰卧在一座典型风蚀沙质土台中，墓穴顶部覆盖树枝、芦苇、侧置羊角、草篓等。古尸身着粗质毛织物和羊皮，足蹬粗线缝制的毛皮靴。发长一尺有余，呈黄棕色，卷压在尖顶毡帽内，帽插数支翎，被世人称为"楼兰美女"。她的肤色红褐色富有弹性，眼大窝深，鼻梁高而窄，下巴尖翘，具有鲜明的欧罗巴人种特征。

她是谁？为什么会在这荒无人烟的地方？这成为考古界的谜。

楼兰，本就是一个谜一般、梦一般的代称。

楼兰美女的传说，为这本就难解的代称更披上了一层玄妙，一层美……

### 知识库——古楼兰文化

楼兰文化堪称世界之最的人文景观。楼兰的轮台古城、且末遗址、古墓葬群、古烽燧、木乃伊、古代岩壁画等等，都是世界级的旅游景点。在人类历史上，楼兰是个充满了神秘色彩的名字。它曾经有过的辉煌，形成了它在世界文化史上的特殊地位。

## 楼兰人到底源于何处

曾经是谁在楼兰这方神秘的土地上生息繁衍？又是谁的聪颖才智创造了灿烂夺目的绿洲文明？对于这个问题的研究一直都是引人入胜，扑朔迷

世界神秘之地

### 典雅的神奇之地——亚洲

离的。

北大考古系教授林海村说："楼兰人使用中亚去卢文作为官方文字，而楼兰本族语言却是一种印欧语系的语言，学术界称作'吐火罗语'。""楼兰人类学研究的结论和楼兰语言学研究结果再一次提醒我们，在遥远的古代，有一支印欧人部落生活在远离欧洲的楼兰。"因而，此书的观点认为，楼兰人是"漂泊东方的印欧人古部落"。

然而，"楼兰人到底源于何处"这一问题并没有取得一致的观点。有一种观点认为楼兰人属于雅利安人。社科院楼兰考古专家杨连回忆，20世纪80年代，他去楼兰，见到过一位30多岁男子，身材很高，有2米左右。他特地为他拍了一张照片，他的身高才到和他站在一起的男孩的胸部。

据近期我国某人类学家从基因学、器物学的角度所作的研究表明，楼兰人更接近于古代阿富汗人，这又是一个全新的论点。

◆楼兰小河墓地

◆考古人员挖掘太阳墓遗址

**小知识**

贝格曼在新疆罗布泊地区发现了一个"有一千口棺材"的古墓群。贝格曼把它命名为小河墓地。

## HAIYOU DUOSHAO WEIZHI YU KENENG
### 还有多少未知与可能

世界神秘之地

## 楼兰消失成"旷世之憾"

◆楼兰古国废墟

◆小河墓地出土的身份显赫的老妇人

提起楼兰古城,人们都会想到瑞典探险家斯文·赫定,因为他在1901年首次对外宣布楼兰古城的存在。随后英国人斯坦因、日本人橘瑞超等,都是沿着赫定的路线图找到楼兰遗址的,他们的发掘工作更彻底和细致,但同时也是破坏和掠夺性的。这些工作成了以后楼兰探险的重要地理依据。

尽管从戈壁和雅丹地貌中难以辨认楼兰城昔日的面目,但科学家从大量资料和考察中发现,作为丝绸之路上的重镇,废弃了1500年的楼兰城曾经的辉煌。但是,楼兰城为什么会突然消失呢?这个谜一般的事情到底怎么发生的呢?众说纷纭:

**说法一**:楼兰消失于战争。公元5世纪后,楼兰王国开始衰弱,北方强国入侵,楼兰城破,后被遗弃。

**说法二**:楼兰衰败于干旱、缺水,生态恶化,上游河水被截断后改道,人们不得不离开楼兰。楼兰曾颁布过迄今为止发现的世界上最早的环境保护法律。

**说法三**:楼兰的消失与罗布泊的南北游移有关。斯文·赫定认为,罗布泊南北游移的周期是1500年左右。3000多年前有一支欧洲人种部落生活在楼兰地区,1500多年前楼兰再次进入繁荣时代,这都和罗布泊游移有

典雅的神奇之地——亚洲

直接关系。

**说法四**：楼兰消失与丝绸之路北道的开辟有关。经过哈密（伊吾）、吐鲁番的丝绸之路北道开通后，经过楼兰的丝绸之路沙漠古道被废弃，楼兰也随之失去了往日的光辉。

**说法五**：楼兰被瘟疫疾病毁灭。一场从外地传来的瘟疫，夺去了楼兰城内十之八九居民的生命，侥幸存活的人纷纷逃离楼兰，远避他乡。

**说法六**：楼兰被生物入侵打败。一种从两河流域传入的蝼蛄昆虫，在楼兰没有天敌，生活在土中，能以楼兰地区的白膏泥土为生，成群结队地进入居民屋中，人们无法消灭它们，只得弃城而去。

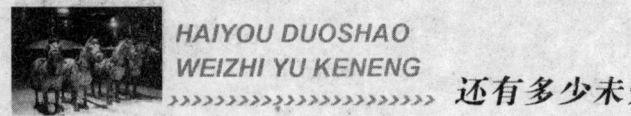

还有多少未知与可能

# 巴蜀古国的史前文明
## ——"第九大奇迹"三星堆遗址

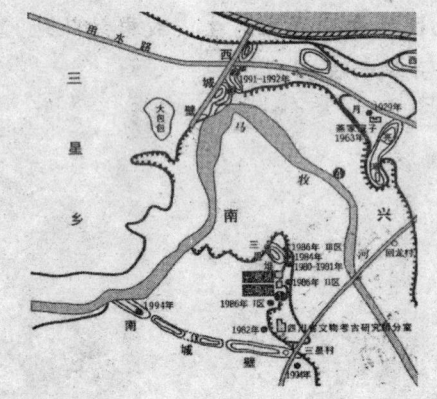

◆三星堆遗址地图

图腾文化是人类精神家园中最古老、最奇特的文化现象之一。作为世界古老民族之一的中华民族,历史上曾创造过极富特色的图腾文化。

在遥远的古代巴蜀地区,就曾出现过以鸟为图腾的灿烂文化,这就是神秘的史前三星堆文化,现在就让我们开始这段鸟图腾的神秘之旅吧。

三星堆遗址属中国重点文物保护单位,是中国西南地区的青铜时代遗址,位于四川广汉南兴镇。1980年起发掘,因有三座突兀在成都平原上的黄土堆而得名。三星堆文明上承古蜀宝墩文化,下启金沙文化,前后历时约2000年,是我国长江流域早期文明的代表,也是迄今为止我国信史中已知的最早的文明。

## 三星堆的发现

三星堆第一次显现在人们面前是在1929年春天,发现者名叫燕道诚,是一位家住在川西平原上的广汉县月亮湾的农民。这一天,燕道诚祖孙三人打算在离家不远的地沟边挖一个水坑。锄头起落之间,一个惊人的宝藏被发现了。

燕氏祖孙悄悄地把宝藏又埋藏起来,此后一两年间,又陆续在夜黑之

## 典雅的神奇之地——亚洲

时进行了一些发掘。但后来燕氏父子莫名其妙地得了一场大病，几乎死去。活过来之后，燕道诚认为这是神灵对燕家的惩罚，不再掘宝，已经挖出来的宝贝也分送给邻里亲朋，以期蚀财消灾。渐渐的，这些分送出去的财宝，出现在了古玩交易市场上，月亮湾挖出大量玉器的消息也随之传播开来。1986年，三星堆两个商代大型祭祀坑的发现，上千件稀世之宝赫然显世，轰动了世界，被誉为世界"第九大奇迹"。

从2000年12月起，四川省考古人员对三星堆遗址500平方米范围内的20个探方实施发掘，2001年3月结束。此次发掘，提供了更为翔实的资料，成为21世纪大规模研究的前奏。

◆三星堆青铜立人像

◆三星堆博物馆

还有多少未知与可能

## 未解之谜一：文明起源何方

◆三星堆遗址的挖掘

◆三星堆出土的纵目青铜面具

三星堆文化来自何方？这里数量庞大的青铜人像、动物不归属于中原青铜器的任何一类。青铜器上没有留下一个文字，简直让人不可思议。其中出土的"三星堆人"高鼻深目、颧面突出、阔嘴大耳，耳朵上还有穿孔，不像中国人倒像是"老外"。四川省文物考古所三星堆工作站站长陈德安认为，三星堆人有可能来自其他大陆，三星堆文明可能是"杂交文明"。

公元前3000年前后的四川盆地尚是一片荒蛮之地，其时当地居住着两个大的族群：东南部的苗蛮族和西北部的羌人。根据古羌人的传说，他们的祖先来自西北部的高原，他们到达现在的成都平原之后，曾与当地原始部落民族有过一段互相征讨的历史。后来，一个叫蚕丛的羌人首领称王，由于蚕丛有纵目，后来的羌人就铸了大量青铜纵目面具纪念他（《华阳国志·蜀志》："有蜀侯蚕丛，其目纵，始称王。死，作石棺石椁，国人从之，故俗以石棺椁为纵目人冢也。"）。这似乎是古蜀人来历的一个较佳解释，但传说毕竟是传说。

典雅的神奇之地——亚洲

SHIJIE
SHENMI ZHI DI

你知道吗？

**三星堆遗址居民的族属为何？**

目前有氐羌说、濮人说、巴人说、东夷说等不同看法。多数学者认为岷江上游石棺葬文化与三星堆关系密切，其主体居民可能是来自川西北及岷江上游的氐羌系。人们认为三星堆文化是土著文化与外来文化彼此融合的产物，是多种文化交互影响的结果。

## 未解之谜二：消失的古都

古蜀国的繁荣持续了1500多年，然后又像它的出现一样突然地消失了。历史再一次衔接上时，中间已多了2000多年的神秘空白。关于古蜀国的灭亡，人们假想了种种原因，但都因证据不足始终停留在假设上。

◆三星堆铜人面具

◆三星堆出土的跪坐铜人像

比如水患说。三星堆遗址北临鸭子河，马牧河从城中穿过，因此有学者认为是洪水肆虐的结果。但考古学家并未在遗址中发现洪水留下的沉积

## HAIYOU DUOSHAO WEIZHI YU KENENG
### 还有多少未知与可能

层。还有战争说。遗址中发现的器具大多被事先破坏或烧焦，似乎也印证了这一解释。但后来人们发现，这些器具的年代相差数百年。还有迁徙说。这种说法无需太多考证，但它实际上仍没有回答根本问题：人们为什么要迁徙？

成都平原物产丰富，土壤肥沃，气候温和，用灾难说解释似乎难以自圆其说。那么，古蜀国消失在历史长河的真正原因究竟是什么呢？

最近在越南北部的考古发掘，认为蒴洞遗址、义立遗址等几处古代遗址的冯原文化与三星堆文化应该有传承关系。公元前317年，秦军入蜀，破蜀都，俘蜀王。蜀王子等数万人携家南逃，不知去向。此是否与三星堆有历史因缘？

## 未解之谜三：神秘的器具

三星堆出土的大量青铜器中，基本上没有生活用品，绝大多数是祭祀用品。表明古蜀国的原始宗教体系已比较完整。这些祭祀用品带有不同地域的文化特点，特别是青铜雕像、金杖等，与世界上著名的玛雅文化、古埃及文化非常接近。三星堆博物馆副馆长张继忠认为，大量带有不同地域特征的祭祀用品表明，三星堆曾是世界朝圣中心。

在坑中出土了5000多枚海贝，经鉴定来自印度洋。有人说这些海贝用做交易，是四川最早的外汇，而有的人则说这是朝圣者带来的祭祀品。还有60多根象牙则引起了学者们"土著象牙"与"外来象牙"的争议。"不与秦塞通人烟"的古蜀国，居然已经有了"海外投资"，不可思议。

◆三星堆出土的青铜人面像

典雅的神奇之地——亚洲

## 未解之谜四：图案？文字？

在祭祀坑中发现了一件价值连城的瑰宝——世界最早的金杖。其权杖之说早已被学术界认同，但所刻的鱼、箭头等图案却引起了一场风波。

一个民族必备的文明要素，三星堆都已具备，只缺文字。学者们对此的争论已有些历史，《蜀王本纪》认为古蜀人"不晓文字，未有礼乐"，《华阳国志》则说蜀人"多斑彩文章"。

至于金杖上的图案是图是文，仁智各见。有的已在试图破译，另一些专家则认为刻画的符号基本上单个存在，不能表达语言。不过如果能解读这些图案，必将极大促进三星堆之谜的破解。三星堆在文字方面尚存问号，也是它吸引人的地方之一。

## 三星堆之最

三星堆创造和打破了许多的世界纪录、中国纪录，其中多项纪录入选中国世界纪录协会世界之最、中国之最。

三星堆青铜人像

世界神秘之地

## 还有多少未知与可能

三星堆青铜神树，世界上最早、树株最高的青铜神树。高384厘米，三簇树枝，每簇三枝、共九枝，上有27果九鸟，树侧有一龙缘树逶迤而下。世界上最早的金杖。世界上最大、最完整的青铜立人像。通高262厘米，重逾180千克，被称为铜像之王。世界上最大的青铜纵目人像。高64.5厘米，两耳间相距138.5厘米。世界上一次性出土最多的青铜人头像，面具，达50多件。

### 广角镜——三星堆之谜

　　三星堆留给了世人许多不解之谜，考古专家认为，三星堆创造的文明简直不可思议；出土的做工精美的青铜器，先人是如何制造出来的；生活在三星堆的古人是不是像青铜面具那么怪异；三星堆古国又是如何消亡的……这些谜，还有待世人一一去破解。

世界神秘之地

典雅的神奇之地——亚洲

SHIJIE
SHENMI ZHI DI

# 奇幻的沧桑
## ——阿尔忒弥斯神庙

阿尔忒弥斯是古希腊神话中主掌狩猎与野兽的女神，后来被视为月神，在罗马神话中她又被称为戴安娜，她是宙斯和利托的女儿。除了掌管狩猎，她还照顾女人分娩，保护少男少女，更是一位贞洁的处女，人们对她崇拜有加。

土耳其有一座以阿尔忒弥斯命名的神殿，但是它却并非用以祭祀这位女神，而是以弗所人为祭祀一位安那托利亚（小亚细亚）古老的女神而修建的。今天就让我们一起漫步这座奇幻神殿吧。

◆以弗所城哈德良神庙

阿尔忒弥斯神庙的遗址位于今天土耳其的爱奥尼亚海滨，《圣经》里把这个地方称为"以弗所（Ephesus）"，而现在它被称为或翻译为"艾菲索斯"或"艾菲斯"。

### 古老的以弗所城

以弗所城像许多古老而神奇的城市一样在岁月里沧桑。19世纪后半叶人们一次偶然的发掘才使它重新为世人所知晓。考古学家们用刷子而不是铁铲在这里工作了多年，才终于确认这就是《圣经》里曾经提到过的那座著名城市以弗所的遗址。传说圣母玛丽亚在耶稣被钉死在十字架上之后，

世界神秘之地

HAIYOU DUOSHAO
WEIZHI YU KENENG

**还有多少未知与可能**

由圣保罗及耶稣的门徒带领来到以弗所附近的山上安度晚年。时间大约是在公元34～45年间。

以弗所,这座小亚细亚西岸的滨海城市大约在公元前11世纪由来自古希腊的爱奥尼亚人所建,是一座典型的古希腊殖民城市,后来它在众多的殖民城市中脱颖而出,成为古希腊工业和文化中心之一。到公元前6世纪时成为雄霸小亚细亚西部大片土地的吕底亚王国(Lydia)境内的工商业中心。此后饱经战火蹂躏,先后被波斯、马其顿、帕加马和罗马所占领,到中世纪渐趋衰落,成为一片废墟。

现在,呈现在人们眼前的除了残垣断壁外什么也没有,那个在古希腊时期

◆以弗所城玛栽乌斯和米瑟利达特斯门

◆以弗所城科鲁苏斯图书馆

### 典雅的神奇之地——亚洲

盛极一时的城市早已被时间蚕食，它的肢体像一具远古生物残缺不全的骨骼化石，散落一地。而当年，这座临海依山的港口城市曾是多么的美丽和富庶，那旖旎的风光使它成为一座著名的旅游城市，无数的观光客慕名从各地赶来一睹它的美丽景色，同时朝觐和贸易，他们带来了源源不断的财富。经济实力的增强使城市规模不断扩大，人口也逐年增加，最强盛的时期，居住在以弗所城里的人口达到了30万之多。想想当年，这里该是何等的繁华，海面帆影点点，港口万船待发，大街小巷车如流水，马似游龙。

 小 知 识

**爱奥尼亚式建筑**

希腊建筑中有三种体式：多利安式最早，式样最朴实，其次是以典雅和柔软的线条为其表现特色的爱奥尼亚式，最后是繁复而夸张的科林斯式。

## 神殿的历史

以弗所城的重要地位和繁华富庶吸引了越来越多的人来到这里。当各地前来朝觐的人们络绎不绝、与日俱增的时候，以弗所人终于发现他们原先建造的那座圣坛已经远远不能满足人们祭祀的需求了。因为虔诚，因为争先恐后，香客之间还会不时发生一些摩擦，因此修建一座大型神殿成为当务之急。

很快，修建神殿的计划就得到了吕底亚王国克罗伊斯国王的支持。这位财富如山的君王远近闻名，他一向热心宗教事业，为此他慷慨解囊。那是大约公元前550年的事情。神殿由希腊建筑师车西夫若恩设计，当时希腊著名的雕刻

◆曼缪斯纪念碑

## 还有多少未知与可能

家菲迪亚斯、坡留克来妥斯和克列休拉斯等也参与了这一宏大的工程，神殿中的许多技艺精湛的青铜雕像和阿尔忒弥斯神像也出自这几位艺术家之手。希腊的建筑师和艺术家们也因此获得了一个一展身手的大好机会，于是一座希腊艺术与亚洲财富相结合而孕育的建筑杰作诞生了。

### 广角镜——

以弗所，又译艾菲索斯或艾菲斯，是吕底亚古城和小亚细亚西岸希腊的重要城邦，位于爱琴海岸附近。

## 神殿的兴衰

阿尔忒弥斯神殿是古希腊最大的神殿之一，其规模超过了雅典卫城的帕台农神庙，也是世界上最早的完全用大理石兴建的建筑之一。它以建筑风格的壮丽辉煌和规模巨大而跻身于"古代世界七大奇迹"之列。它还一度享有对逃亡者的"庇护权"，其地位之显赫，由此可见一斑。

◆复原的神殿侧面

◆阿尔忒弥斯神殿全景

在建成后的近200年时间里，它巍然屹立在以弗所东北郊的一座高山之上，迎接着摩肩接踵前来朝觐的人们。经过一小段时间之后，它很快成为爱琴海诸岛和小亚细亚西海岸希腊移民城邦的香客们向往的圣殿，盛极

典雅的神奇之地——亚洲

一时。

但不幸的是，公元前356年7月21日的深夜，这座壮丽的神殿在一场大火中变成了废墟。据说这场火灾是一个名叫希罗斯特图斯的纵火狂所为，这个家伙长期以来寂寂无为，急于想通过实施一项能引起轰动效应的举动使自己万古留名。他非常清楚，能够让人青史留名的好事不是谁都能做，那就干点坏事也成。于是，火光中，神殿坍塌了。

◆托普卡帕宫石碑

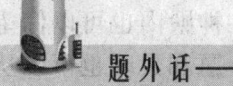题外话——

这里说句题外话，传说就在那天晚上，一个不平凡的生命降生了，这个人后来在这个世界上建立了惊天动地的霸业，他就是马其顿国王亚历山大大帝。后来，一位名叫普卢塔克的历史学家在他的著作中写道：女神"太忙于照料亚历山大的出生了，以至于无法营救自己受到威胁的神殿"。

## 神殿的再造

这座神殿在人们心中的地位实在太重要了，没有了它，人们的灵魂也仿佛无所归属。后来，人们又在神殿的原址上按原样重新建起了一座神殿，比原来的神殿更加富丽堂皇，成为当时世界上最大的大理石建筑，其占地面积达到了6050平方米，比一个足球场还要大。神殿内外都用铜、银、黄金和象牙制成的精美浮雕加以装饰，而神殿中央则设有一个呈"U"

## HAIYOU DUOSHAO WEIZHI YU KENENG
## 还有多少未知与可能

◆以弗所城夜莺山

◆古城里的无头塑像

世界神秘之地

字形的祭坛，供奉着阿尔忒弥斯女神的雕像。这座重建的神殿在此后连绵不断的战火中傲然挺立，直到公元262年哥特人入侵时遭遇了厄运，那帮强盗将神殿内的财宝悉数劫走，神殿也在这次劫掠中惨遭破坏。

重建之前的阿尔忒弥斯神殿其规模已相当宏大，底部最上层台阶长约100米，宽约55米，神殿三面环绕着两排共计127根巨大的圆柱，每根高达18米，它们支撑着上面巨大的屋顶。神殿重建的时候，其高度还略有增加，同时在底座平台的四周还增建了数级阶梯。神殿中心的神龛上部没有加盖屋顶，这样人们在神殿内也可以仰望蓝天，他们的心愿和灵魂也可以从这里直达天堂，与神同在。神殿正门入口处立着36根刻有装饰性浮雕的柱子，这些柱子上刻有40～48道浅凹槽。神殿四周的柱子上也环绕着一条装饰雕刻的中楣，同时还有狮头形状的喷水器。屋顶的三角楣饰也相当精美，具有很高的艺术价值。两根柱子之间的跨距通常超过了6.5米，而神殿中长于8米的石块也随处可见。所有这些，无论从建筑的设计还是工程技术上讲，都具有相当大的难度，这座神殿称得上是当时最高水准的建筑精品。

典雅的神奇之地——亚洲

# 独一无二的钻石
## ——摩索拉斯陵墓

独特的地理位置，宜人的气候条件，使土耳其成为游人向往的乐园。形状各异的现代化建筑，华丽肃穆的清真寺唤礼塔，飞跃于博斯普鲁斯海峡之上的跨海大桥，《荷马史诗》中的特洛伊城遗址，世界奇景卡帕多西亚，观鸟胜地库什湖，秀美的亚洛瓦温泉……迷人的自然风光，丰富的文物古迹使土耳其享有"旅游天堂"之誉。

◆摩索拉斯陵墓的外观

土耳其这个神奇的国度，拥有古代世界上7处宏伟的人造景观中的两处，这其中就包括摩索拉斯王陵，现在就让我们一起领略它的魅力吧。

摩索拉斯王陵（The Mausoleum of Mausolus）坐落于小亚细亚西南部哈利卡纳索斯（今土耳其）市的中

◆摩索拉斯陵墓内雕塑

心大广场上。埋於陵墓内的人，是公元前4世纪中叶波斯帝国属地卡里亚的总督摩索拉斯（Mausolus）。这座伟大的白色大理石陵墓是为摩索拉斯和他的妻子修建的。

## 还有多少未知与可能

## 陵墓的结构

◆摩索拉斯陵墓内部雕塑

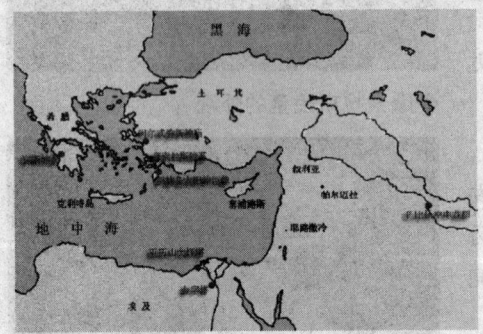

◆摩索拉斯陵墓古迹位置

陵墓共分四层,基坛为六阶,以希腊运来的白色大理石建造。底部为长方形,面积约1200平方米,高45米,其中建筑物被高20米墩座墙围住,四周放着骑在马背上的战士雕像。墩座上方,排列着36根高12米以爱奥尼式建造的金白色大理石圆柱。在圆柱与圆柱间,以男神和女神的立像装饰。圆柱的上方,放着台轮;上端是极其倾斜并高7米的金字塔,塔顶以镀金的青铜驷马二轮战车装饰;而墓内耸立着摩索拉斯王和阿耳忒弥西娅女王的大理石雕像。

据说所有雕塑均由四名著名的雕刻家伯亚克西斯(Bryaxis)、李奥查理斯(Leochares)、史卡帕斯(Scopas)和提莫西亚斯(Timotheus)分别负责陵墓的一边。古代作家常说摩索拉斯王陵,像银白云团高悬城市上空。

摩索拉斯王陵与阿尔忒弥斯月神庙不同,建造至今已有1500年历史,仍旧傲立在世。直至15世纪初,十字军认为哈利卡纳苏斯是一个重要战略位置,决定建造巨大的圣彼德要塞,而建造要塞的材料就是陵墓的石材;他们将所有陵墓内外装饰嵌入要塞的城墙内,令整个陵墓几乎不留痕迹。

## 典雅的神奇之地——亚洲

◆摩索拉斯陵墓（油画作品）

**你知道吗？**

繁荣的哈利卡纳苏斯城，现在不过是一个寂寞的小渔村而已，人们已经不能指出那座美丽摩索拉斯王陵的所在地，甚至没有人知道曾经有这么一座宏伟的建筑物矗立於此。虽然市内中央广场的遗迹依然存在，却没有任何痕迹确认此地曾有陵墓，现在有的只是四处杂生的野草罢了！

## 陵墓的历史

在公元前4世纪，在今天的安纳托利亚高原西南部有一个卡里亚帝国，在摩索拉斯国王统治下，卡里亚盛极一时，罗德斯港就曾是卡里亚帝国的一部分。摩索拉斯还在世的时候，就开始为他和他的王后——阿耳忒弥西娅二世修建陵墓了。如今，强大的卡里亚帝国已不复存在，只有王陵的遗

## HAIYOU DUOSHAO WEIZHI YU KENENG
### 还有多少未知与可能

世界神秘之地

◆画家眼中的摩索拉斯陵墓

◆土耳其风光

迹向世人讲述着帝国的传说。

规模浩大的陵墓于公元前353年建造完成。除了宏伟的建筑外，摩索拉斯陵墓地基四周还有精美的雕塑。据记载，在其中的三处浮雕中，第一处表现的是马车，第二处是希腊人和亚马逊人作战的场景，第三处是拉皮提人和半人马怪兽之间的战斗。今天，在伦敦大英博物馆里，还保存着第二处雕像的残片。

摩索拉斯陵墓具有爱奥尼亚式建筑的特点，柔和俊秀、活泼精致。同时它成功地吸取了古代东方的各种艺术传统，与希腊建筑风格溶为一体，又呈现出繁华宏大的特征，被誉为后来许多壮丽陵墓建筑的典范。而且它的美名远扬竟至有了造词之功：拉丁文中"陵墓"一词即源自于它。

**知识库——世界七大奇迹**

埃及吉萨金字塔，奥林匹亚宙斯巨像，土耳其阿尔忒弥斯神庙和摩索拉斯陵墓，亚历山大灯塔，巴比伦空中花园，希腊罗德港巨人雕像。

## 陵墓之谜

摩索拉斯陵墓以及显赫一时的陵墓主人，虽然名垂青史，但也备受世人与历史的嘲弄，至今其中还包含着许多解不开的谜团。虽然英国考古学家查尔斯·牛顿从1856年便在这里进行发掘工作，但时至今日，我们仍不清楚摩索拉斯的石棺究竟是在神像室里，还是放在建筑物下面地基内部的

典雅的神奇之地——亚洲

墓穴中。另外根据一种最可信的假想，这里可能并不只是一位国王的墓葬，而是为了纪念和缅怀整个埃卡多米尼迪王朝修建的陵墓。整个新近找到的雕塑，又为这个新的假想增添了佐证。这些塑像大体上有三种规格：与真人相仿的自然型、2米左右的英雄型和3米左右的巨型。摩索拉斯和阿耳忒弥西娅二世（已受损）的雕像属于最后一种，另外10座巨型塑像的残片也被辨认出来了。人们不禁会问：难道这是一座家族的坟墓吗？

◆土耳其建筑

## 链接——坟墓之谜

一提到陵墓，恐怕绝大多数人都会有一种毛骨悚然的感觉。然而人们却禁不住要争先恐后地一睹土耳其的这座古老坟墓。摩索拉斯陵墓散发着一种神秘的气息，围绕它流传着许多似是而非的故事。古希腊罗马时代的旅行者安提巴特将其与古埃及吉萨金字塔中的胡夫金字塔相提并论，一起列入"世界七大奇观"之列。

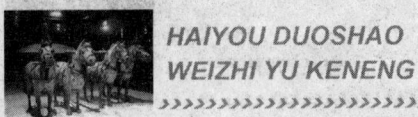

还有多少未知与可能

世界神秘之地

## 传说中的城市
## ——"木马城"特洛伊

◆特洛伊城遗址

◆古城再现

你看过电影《特洛伊》吗？《特洛伊》是2004年好莱坞最具吸引力的大制作。1.75亿美元创记录的投资，豪华的演出阵容，在回涌的史诗片浪潮中，《特洛伊》无可争议地占据中心位置。这是一部不仅投资创下了世界最高纪录的电影，更是将体系庞杂的《荷马史诗》和它所描述的希腊古典神话再次搬上银幕的经典之作。

今天就让我们在电影的旋律中一起步入神奇的特洛伊城吧。

特洛伊也称"伊利昂"，一座古希腊殖民城市，公元前16世纪前后由古希腊人所建，位于小亚细亚半岛西端赫勒斯滂海峡（即达达尼尔海峡）东南。1998年根据文化遗产遴选标准，被列入《世界遗产目录》。在这里还发生过著名的特洛伊战争，特洛伊木马也是在这场战争中产生的。现在有一种电脑病毒，也叫做"特洛伊木马"。

典雅的神奇之地——亚洲

## 考古遗址特洛伊

特洛伊城遗址是土耳其古城,位于恰纳莱南部,北临达达尼尔海峡,坐落在平缓的城堡山脚下。这里山峦青翠,流水潺潺,柑橘树和橄榄树满山遍野,红瓦白墙的农舍点缀其间,是土耳其爱琴海地区典型的农村风光。

特洛伊城是公元前16世纪前后为古希腊人渡海所建,公元前13世纪~前12世纪时,颇为繁荣。特洛伊城遗址的发掘,始于19世纪中期,延续到20世纪30年代。考古学家在深达30米的地层中发现了分属9个时期、从公元前3000年至公元400年的特洛伊城遗迹,找到了公元400年罗

◆特洛伊考古区

◆电影《特洛伊》剧照

世界神秘之地

HAIYOU DUOSHAO
WEIZHI YU KENENG

**还有多少未知与可能**

马帝国时期的雅典娜神庙以及议事厅、市场和剧场等的废墟。这些建筑虽已倒塌败落，但从残存的墙垣、石柱来看，气势相当雄伟。这里有公元前2600～公元前2300年的城堡，直径达120多米，城中有王宫及其他建筑。在一座王家宝库中，发现了许多金银珠宝及青铜器，陶器以红色和棕色为主。此外还出土有石器、骨器、陶纺轮等。特洛伊城是一座被烧毁的城市的遗址，内有大量造型朴素、绘有几何图形的彩陶和其他生活用具。

特洛伊遗址不失为迷人的去处。现在特洛伊已成为土耳其的游览胜地之一，它吸引着成千上万的游客。

◆重建的特洛伊木马

世界神秘之地

## 特洛伊遗址发现的意义

特洛伊考古遗址对于理解欧洲文明早期发展的关键时期具有重大意义。而且，由于它对荷马的伊利亚德创造性艺术两个多世纪的深刻影响，使特洛伊更具有了文化上的重要性。

特洛伊以其四千多年的历史成为世界上最著名的考古遗址之一。对这个遗址第一次挖掘始于1871年，由著名的考古学家海因里希·谢里曼主持。用科学的话说，它丰富的遗存物是安纳托利亚和地中海文明之间联系的最重要最实质的证明。特洛伊于公元前13世纪或12世纪遭到来自希腊的斯巴达人和亚该亚人的围攻，这一史实由荷马写进史诗而流传千古，而且从那时起它还启发了世界上众多艺术家的创作灵感。

◆古城旧墙

典雅的神奇之地——亚洲

## 传奇的特洛伊战争

◆特洛伊城模拟复原图

特洛伊战争是以争夺世上最漂亮的女人海伦为起因，导致以阿伽门农及阿喀琉斯为首的希腊军进攻以帕里斯及赫克托尔为首的特洛伊城的十年攻城战。

美丽的海伦是宙斯和勒达的女儿，凡间最美丽的女子。她的美丽引来了络绎不绝的求婚者。她的继父，斯巴达国王廷达瑞俄斯为避免拒绝众多人选招致怨恨，要求所有求婚者立誓与将来选中的新郎结为盟友，共同反对任何因海伦而加害国王的人。阿伽门农的兄弟，亚各斯人的国王墨涅拉俄斯被选中，与海伦结婚后，他继承了斯巴达的王位。

◆特洛伊遗址一角

HAIYOU DUOSHAO
WEIZHI YU KENENG

## 还有多少未知与可能

帕里斯率舰队前往希腊国试图接回被赫拉克勒斯掠走的姑母赫西俄涅，在斯巴达见到因丈夫外出访问而独自在家的海伦，两人立刻陷入情网。他忘掉使命，把宫殿掳掠一空，并拐走海伦。墨涅拉俄斯获悉后，求助于兄长阿伽门农，招集因海伦而结盟的国王们，前往特洛伊，从此开始了惨烈的特洛伊战争。

### 广角镜——英雄阿喀琉斯

半人半神的阿喀琉斯命中注定是攻陷特洛伊的必要人物，也注定死于这场战争。超人般的神勇使得他有着神一般的狂妄自大，也使他仁慈、友爱、珍视荣誉更胜于他人。从祭祀典礼中保护阿伽门农的女儿伊菲革涅亚，战场上痛惜童年挚友帕特洛克罗斯中可见一斑。战争中途，他因阿伽门农的不公，愤而退出战斗，又因帕特洛克罗斯的惨死而重新投入复仇之战，他杀死了阿波罗神庇护的英雄赫克托尔，也因此走到了注定被阿波罗毒箭射中脚踵而死亡的命运终点。阿喀琉斯死后，成为奥林匹斯山众神的一员。

从海伦被劫到赫克托尔之死整整经历了20年。而特洛伊战争也前后持续了10年之久。在一片厌战之声中，希腊人采用了俄底修斯的木马计。他们佯装撤走，在广场上留下暗藏希腊士兵的巨大木马，同时安排一个士兵扮成逃兵骗说特洛伊人。特洛伊人果然中计，将木马牵入城中，从而导致城池被毁，满城被屠。

胜利的一方因为亵渎了雅典娜的神庙，招致了她的愤怒，在归程中大部分船只被雅典娜和海神波塞冬摧毁，只有几个英雄回到家乡。海伦因其无比的美貌被丈夫宽恕，带回斯巴达。墨涅拉俄斯死后，她被驱逐到罗德岛。

### 小贴士——土耳其文明

土耳其除了在地理位置上连接欧洲和亚洲两大洲，同时也是一个使得东西方文明得以交融的国家。像土耳其、美索不达米亚、赫梯、苏梅尔、利底亚这样的古文明发祥地，也是世界著名的拜占庭、罗马和奥斯曼这样的古代帝国的发生地。土耳其拥有4900个被载入世界史册的历史遗迹，6200个考古遗址。

# 绚烂的迷幻之地
## ——欧洲

　　欧洲之旅，也是一次古文化之旅。从沙特尔大教堂到德孔波斯特拉古城，从纽格兰奇古墓到埃夫伯里巨石阵，无一不散发出浓郁的文化味。古城、王宫、教堂、雕塑、故居、剧院、广场，全都浸润在一种古文化的氛围之中。在这数百年甚至数千年的文物中穿梭，使人们得以从这些不朽的书本中感受古人的伟大，感受历史的变迁，感受欧洲文化的博大精深。

　　让我们翻开欧洲的文明史，领略人类造就的辉煌艺术，一起加入绚烂的欧洲迷幻之旅。

绚烂的迷幻之地——欧洲

SHIJIE
SHENMI ZHI DI

## 神秘的象征
## ——"石砌圣经"沙特尔大教堂

宗教是欧洲人生活中的一个重要部分，因此教堂遍布城乡各地，成为城市的重要组成部分，而且历史久远。到欧洲，到法国，教堂是必须参观的，也是值得参观的，更需要用心去欣赏。

◆俯瞰沙特尔教堂

◆沙特尔教堂正面

沙特尔大教堂，全称沙特尔圣母大教堂，坐落在法国厄尔－卢瓦尔省省会沙特尔市的山丘上，是法国著名的天主教堂，是哥特式建筑的代表作之一。1979年，联合国教科文组织将沙特尔大教堂作为文化遗产，列入《世界遗产名录》。

大教堂被称为"石砌圣经"，历经多次宗教战争、法国大革命、第二次

HAIYOU DUOSHAO
WEIZHI YU KENENG

**还有多少未知与可能**

世界大战而丝毫无损，大教堂一直超然于乱世之外，因此被称为"理性之寺院"，可见其在法国人心目中的重要性。罗丹甚至称它为法兰西的卫城。

## 教堂的历史

12世纪初，法国皇权开始扩大。阿伯特·苏歇大主教作为路易六世的主要顾问，在促使君主政体与教会间建立紧密的联盟上，起过重要的作用。教会把法国主教（及其控制下的城市）置于国王身边。由于苏歇帮助君主政体实现其政治目的，国王始肯把发展宗教事业纳入国家计划，从此苏歇在教会的威信被绝对化。在1145年，由于沙特尔教堂的主教与苏歇接近，开始与他共商重建这座教堂的大事。五年后，沙特尔教堂的西门不幸被大火烧毁，第二次重建是在1194～1220年。重建后就风格上看，它是继巴黎圣母院之后最为成熟的一座哥特式建筑。16世纪，北面的教堂遭雷击后被杰汗德·博斯修复。公元1836年，

◆教堂特写

第三次大火毁掉了教堂木制的屋顶。于是金属屋顶代替了被烧毁的木制屋顶。

作为标准的法国哥特式建筑，它高大的中殿呈纯哥特式尖拱型，四周的门廊展现了12世纪中叶精美的雕刻，还有三重皇家大门和壮观宏伟的罗马尼斯凯像，12、13世纪的珠宝光彩的玻璃装饰的窗户闪闪发光。所有的这一切都是那么非凡卓越，堪称经典杰作。

◆教堂内凹尖拱大门

绚烂的迷幻之地——欧洲

SHIJIE
SHENMI ZHI DI

## 艺术——沙特尔风格

公元1600年以来，沙特尔大教堂一直是重要的朝圣中心，同时也是祭祀圣母玛利亚的圣地。从远处观看，两个不对称的尖塔特别醒目。走近教堂，又会被教堂中细腻的雕刻、精美的绘画所折服。随着时间的推移，可以看到罗马建筑常用的青蓝色向哥特式的多彩形式的演变过程。这种"沙特尔风格"曾经风靡于欧洲各地，成为后来许多著名教堂的样板；教堂自身也成为法国著名的四大哥特式教堂之一。

## 耀眼的建筑特色

建筑是欧洲中世纪艺术的最主要的表现形式，大量的教堂就是在那个宗教狂热的时代修建的。而雕塑作品几乎都是作为建筑的一部分出现的，内容所表现的完全是宗教故事或《圣经》中的人物。沙特尔大教堂体现了哥特式建筑和中世纪基督文明的辉煌成就。基督教传入前，在沙特尔的代表就建起了这座教堂。

沙特尔大教堂是在同一地方建造的第六座教堂，是一座哥特式建筑。大教堂深130.2米，长方形的跨间宽16.4米，四分拱顶高达36.5米，带有侧廊式耳廊，每个耳堂作为出入口。教堂的3座圣殿分别与3座大门相通。祭台与圣殿之间的祭廊上面有

◆四圣徒像

描绘耶稣和圣母玛利亚生平的浮雕。在18世纪很长的一段时间内，大教堂拥有一尊受人崇敬的怀有耶稣的圣母木雕像。教堂西面正门入口是一组三扇的内凹尖拱大门。门西侧原先有24尊圆柱雕像，现存19尊，是1145

世界神秘之地

"科学就在你身边"系列

## 还有多少未知与可能

年至1155年间的作品。教堂有两个高低不同令人瞩目的尖塔，其高度均超过91米，其中一座构造简单，其历史可追溯到12世纪30年代。另一座则构造精巧。教堂内殿设有双重回廊，立有175座雕像，正面大门称为"国王之门"。

### 广角镜

沙特尔教堂与兰斯大教堂、亚眠大教堂和博韦大教堂并列为法国四大哥特式教堂。

## 精湛的雕塑艺术

世界神秘之地

▶站立的人物形象

法国是中世纪后期哥特艺术的发源地，沙特尔教堂便是有代表性的作品之一，教堂上大量的装饰性雕像也是哥特雕塑的最著名的代表作之一。在教堂门侧的立柱上，雕刻有许多站立的人物形象，有的是表现圣经中的先知和圣徒，有的是表现皇帝和皇后，体现了政教合一的思想。这些大门侧柱上的石雕有着中世纪典型的被拉长的身材和呆滞的目光，同时还表现出人物的个性，动作也有所变化。

教堂雕塑中以教堂南墙的《四圣徒像》最为出色，这是圣经中四个不同时代的圣徒形象，都以圆雕的形式出现，神态生动，富有个性，形体比例也比同时代的其他作品准确，其服装的质感也被雕刻家们细腻地表现出来，有很强的质感。它们远胜于早期罗马式的肖像雕刻，是建筑雕刻中的艺术珍品。

绚烂的迷幻之地——欧洲

### 雕像——孕含宗教理想

所有这些雕像都有着安静、平和的神态,体现了基督教信念中的理想形象,具有很强的宗教感染力。教堂中门称为"王门",因其门楣上有表现基督的雕像,基督是万王之王,故而得名。南北两侧大门有圆柱雕像。南侧表现基督的一生;北侧表现《旧约全书》中人物和圣母。大教堂里里外外共有1万多尊用石头和玻璃制作的塑像。特别是教堂四周随处可见的大量装饰雕刻,在西欧所有的哥特式教堂中也是最优秀的作品。

## 华丽的彩绘玻璃

◆精美的玻璃镶嵌画

◆彩绘玻璃窗

在12~15世纪,法国全境建造了60多座大教堂,大多是哥特式建筑。在中世纪,作为城市解放和财富的纪念碑,教堂建筑正处于鼎盛时期。这

## HAIYOU DUOSHAO
## WEIZHI YU KENENG
### 还有多少未知与可能

种教堂已不再是原先那种纯粹膜拜神灵的场所，也不是古代的军事堡垒，而是市民公共生活的聚会中心，是市民生活所需的大会堂。举凡市民的婚丧大事，都要去教堂里举行。于是，为使建筑物适应新的宗教时期人们的心理要求，艺术家们采用各种方式极力要把教堂装缀得更富感情色彩。而彩色玻璃窗就是其中一种非常有效的渲染感情的方式。

沙特尔教堂有超过2000多平方米的170多扇彩色玻璃窗，瑰丽奇巧，以蓝色和紫色为主调，被公认为12世纪至13世纪玻璃艺术最完美的典型。

### 艺术——最富特色的彩绘玻璃窗

◆玻璃镶嵌画

教堂中有一扇彩色玻璃窗最富特色，它用18幅画面来衬托中间一幅贝依·弗里埃尔圣母画。两侧各7幅，中间主图以下4幅，分别叙述耶稣的事迹，其中也有最后的晚餐，圣母领报等主题，总称为《耶稣传》。中间的圣母头戴皇冠，目光端庄肃穆。色彩调配富有对比性（一般只用紫、红、蓝、黄），富丽堂皇，美不胜收。此扇窗是12世纪哥特式彩色玻璃画的杰出作品，精湛的技术让人惊叹不已。

绚烂的迷幻之地——欧洲

# 比金字塔更神秘——卡纳克石阵

濒临大西洋的城镇卡纳克,是法国布列塔尼半岛上的一块充满神秘色彩的地方,来此寻幽访古的游人络绎不绝,年年如此。是什么点燃世界各地的游客如此高昂的热情呢?

这里最吸引人的,当然是也肯定是城镇郊外一片片整齐排列的石阵。现在让我们一起走进这神秘的石阵吧。

在法国城镇卡纳克郊外长达8千米的范围内到处是林立的巨石,这就是著名的卡纳克石阵,被英国考古学家海丁翰教授称为"比金字塔更神秘"的石柱群。

◆卡纳克石阵中竖立的巨石

## 石阵的布局

据说,卡纳克石阵曾有石柱10000根,如今仅存2471根。石阵被农田分为三片:位于卡纳克城北1.5千米处的勒芒奈克石阵,以11排向东延伸,共1099块石头,排列在长1000米、宽100米的矩形内,最高的巨石露出地面

◆天空中俯瞰石阵

## HAIYOU DUOSHAO WEIZHI YU KENENG
## 还有多少未知与可能

◆神秘的卡纳克石阵

部分达 4.2 米。石柱行列稍有弯曲，柱与柱间距离不一。起点石柱高约 4 米，最高 7 米，愈往东愈低愈小。再向北走，过了一座古老的石磨坊界线，便进入克马里欧石阵，共 10 行，长约 1.2 千米。与其相邻的克勒斯坎石阵，长约 400 米，共 13 行，每行都很短，共 540 块巨石，排成正方形。它的末端是一个圆形石阵，由 39 块巨石组成。各组石阵都沿东西方向分行排列，越远南北，边缘行距越密，每一行巨石的大小和排列距离也并不均匀，每行越近东端，石块越高且排得越紧。石块排列以直线为主，也有排成平行曲线的。

卡纳克石阵穿行于庄稼、树林和农舍之中，石头的竖立井然有序，似乎是精心营造的。要想竖立这样的石阵，绝不是一两个人能办到的，也不是一两天就能办到的，更不是完全依靠人力所能办到的。竖立者必定人数众多，且有高超的技术，并经过积年的劳动。这些石阵到底是如何竖立起来的呢？这些神秘的竖立者又是谁呢？

## 千古之谜

欧洲各地遍布巨石古迹，由南边的意大利伸展至北方的斯堪的纳维亚，还包括不列颠群岛。其中规模最大的就是位于法国西部布列塔尼的松林和石南荒原中的卡纳克。这里的石块不仅比欧洲其他地方多，而且分布范围也广，约有 8 千米长。这些石块究竟为何人所竖，至今所知甚少，但他们必定精通技术，可动用众多人力，而且是按预先构思好的计划进行的。卡纳克石阵主要由 3 组巨石组成：勒芒奈克、克马里欧和克勒斯坎，全在卡纳克北部。各组的排列大致相同，全部沿东西方向分行排列，各行间的距离不同，接近外缘即南北边缘的行距较密。

经考证，石阵大约是从公元前 4300 年到公元前 1500 年，分期竖立的。这个时期欧洲人还没有发明轮子，但石块中最大的重约 350 吨，高达 20

绚烂的迷幻之地——欧洲

◆排列整齐的巨石

米。竖立者是如何把如此沉重的花岗岩竖立在指定位置？难道是藉助一种神秘的力量？他们竖立这样的石阵有什么用途呢？

1959年，专家们利用放射性碳元素年代推测法测定出，石阵的出现大约在公元前4300年左右，并确认卡纳克为世界上最大的新石器文化发源地之一。

在遥远的史前时代，在不可能有什么高超技术的前提下，却能竖起这样庞大的巨石阵，这是奇迹，也最令人不可思议，有些学者因此认为，卡纳克石阵是外星人访问地球的飞船基地，或许只能这样才能使人们的心灵得到些许慰藉。

世界神秘之地

 小知识

**布列塔尼半岛**

布列塔尼半岛位于法国西部，面积约24000平方千米，半岛上海拔最高点为380米。历史上，布列塔尼人的祖先是公元五六世纪从英格兰渡海而来的凯尔特人。如今的布列塔尼以其变化莫测的自然景致、安详纯朴的小镇、风味绝佳的海鲜美味以及仍旧沿袭独特习俗的当地居民吸引了络绎不绝的游客。

"科学就在你身边"系列

# 还有多少未知与可能

## 众说纷纭

◆布列塔尼半岛景观

◆风景如画的布列塔尼半岛

有人认为卡纳克是一个宗教中心，那些石块本是古布列塔尼人崇拜的偶像，后来罗马人征服了古布列塔尼人，并在上面刻上自己所信奉的神的名字，再后来基督徒又在上面刻上十字架等基督教标志，于是石阵就成了今天的样子。真的是这样吗？

当地有一个传说，公元前 56 年，凯撒征服高卢。被罗马人打败的卡纳克守护神科内利逃到了城北的山坡上，眼看就要被追上了，情急之下，就用魔法将追赶他的罗马士兵变成了一队队排列整齐的石阵。虽然这只是一个传说，但在 18 世纪，不少学者坚信石阵营造于凯撒时代。

有人认为，石阵是蛇崇拜的产物。如果身临其境，仔细端详，那一排排巨石列队蜿蜒前行，真有点巨蛇飞舞的意味。19 世纪，考古学家在卡纳克周围发现许多蛇崇拜的遗迹，但未发现与石阵有什么直接的关系。

有人认为，石阵是一片墓碑群。"卡纳克"，布列塔尼语中意为"坟场"，所以这些高高竖起的石块可能是埋葬死人时竖立的墓碑。这仅仅是推测而已，还没有找到有力的证据。

还有人认为这些石块是妇女的吉

绚烂的迷幻之地——欧洲

祥石。只要不孕妇女蹲在石头上或在石头上睡上几夜,石头的魔力就可使她怀上孩子,届时孩子就会呱呱落地,如同在人间竖起了一根根人柱。这也只是盼子心切。

有人认为,石阵是一个复杂的月亮观测台。20世纪70年代中期,英国人亚历山大·汤姆经过对每一根石阵进行测量,认为古代天

◆石阵穿梭在稻田间

文学家在每天观测月亮时,随着其出没不断变换自己的观察位置,每一次都在新的地方竖起一根石柱为标记,用这种方法,使他们得以掌握月亮运行周期以及其他一些天文知识。20世纪80年代初,英、法考古学家联合考察,未发现巨石的排列次序与月亮的出没规律有什么相似之处,因而不可能有什么联系,所以他们认为,在石器时代,生产力水平低下,人们不可能掌握什么高超的技术。

## 石阵营造者的本源

要真正揭开石柱阵的秘密,必先弄清石阵营造者的本源,了解他们生活的那个年代的情景。

1979年至1984年,考古学家勒霍斯带队发掘卡纳克海滨格夫尔林尼岛上的一个甬道墓,发现此墓是个刻意经营的地下建筑,大理石块砌成的同心圆台宛如露天运动场的看台,墓壁上有精美的浮雕图案。经同位素鉴定,年代在公元前4000年以前,这与石阵的营造时间大致相同。在这古墓内,29块墓道壁石板中23块刻了图案。墓的内室顶板的一个大石板上,刻着一头长角牛的牛头及其前身,还有一把斧头的前半截。在距此墓20千米外也

◆石阵旁的小屋

## HAIYOU DUOSHAO WEIZHI YU KENENG
## 还有多少未知与可能

◆古老的巨石历经沧桑

发现了一座古墓，它的内室里也有相似的一段石板。把它们拼合在一起，正是一方完整的14米长、总重量在30吨以上的刻图石板。这方石板明显是人为截断的。为什么要将完整的石板截断？为什么要分装在相距20千米的两墓中？又用什么工具来运输30多吨的巨板？人们百思不得其解。

### 巨石中的不解之谜

那么多的巨石搬到卡纳克，凿平磨光，再把它竖立起来，组成石阵，或雕镂图案，构筑巨大墓穴，究竟靠的是什么"神"力？是什么鼓舞他们狂热地进行如此浩大的工程？尽管聪明的现代人绞尽脑汁，还是难以了解远古的卡纳克石阵的奥秘。正如对石阵进行过长期考察的英国考古学家欧文·霍丁霍姆所说，它像金字塔一样，为人类留下了永恒的不解之谜。

绚烂的迷幻之地——欧洲

## 难解的秘密
## ——斯通亨奇巨石阵

巨石阵是个谜样的遗迹,一千多个遗迹几乎遍布了整个英伦地区。这些巨大而高耸的石块,被竖立在荒野,在山脚,甚至在过去的沼泽地区,而共通的特色是当地并不是石场,这些石块就如同金字塔的石块一样,是从远处迁运过来的。

数千年前的人似乎对石头颇有一套办法,他们不仅能轻松地搬运它们,而且能随心所欲地切割它们,安置它们,将它们放置到准确的位置上。现在就让我们一起来领略英国最著名的巨石阵的风采。

◆静静的巨石

斯通亨奇巨石阵又称索尔兹伯里石环、环状列石、太阳神庙、史前石桌、石栏、斯托肯立石圈等名,是欧洲著名的史前时代文化神庙遗址。2008年3月至4月,英国考古学家研究发现,巨石阵的准确建造年代距今已经有4300年,即建于公元前2300年左右。

威尔特郡位于英格兰南部中心,

◆晚霞中的巨石阵

## 还有多少未知与可能

那里的乡村辽远开阔，到处是史前遗迹，斯通亨奇巨石阵就坐落在那里。除此之外，那里还有巨木阵、杜灵顿垣墙以及350多座古墓。

## 巨石阵的建造

20世纪50年代，英国考古学家尤其是理查德·艾特肯逊得出结论，认为第一个巨石阵是一个环形土岗和壕沟，圆周上分布着56个洞，这些洞现在称作奥布里洞。第一块竖起的巨石位于石阵唯一的入口处，叫脚跟石。第二块巨石是至少200年以后才竖起的，建造者们建造了一条由一座座平行的土岗构成的通道，将巨石阵与3.2千米以外的艾冯河连接起来。他们从320千米以外威尔士西南部的普里塞利山脉运来80块巨大的蓝砂石。这些巨石可能是沿威尔士海岸用木筏运载，在布里斯托尔转入艾冯河。经过水路、陆路多次转运之后，人们最终用滚柱经由通道将它们运到了巨石阵处，围成两圈竖立起来。

◆空中俯瞰巨石阵

不久，蓝砂石圈被拆除，代之以庞大的巨石块，这些巨石块至今仍然耸立在此。其中许多巨石重达26吨左右，可以想象，将它们从威尔特郡北部运来，那必然是一项需要众多劳动力的浩大工程。负责将巨石竖立起来

绚烂的迷幻之地——欧洲

的人肯定是技艺高超的能工巧匠：他们细心修整用作栋梁的石块，并把它们嵌合到两块直立放置的巨石上，形成一个个巨石牌坊。之所以把它们称作巨石牌坊，是因为巨石按有规则的排列，围成一个圆圈，圆圈内呈马蹄形，这种格局今天仍然可见。

宏大的规模、巨石的来源、巨石的方位（背朝东北方，面向西南方）、历时几百年的时间——所有的一切都说明斯通亨奇巨石阵绝不仅仅是新石器时代农民的聚会场所。尽管人们对它众说纷纭，考古学家们一致认为巨石阵有宗教用途。然而，只要冬至在此看过日出的人都不会质疑巨石阵的天文学用途。

 **小知识**

**巨石阵建造的三个重要阶段**

公元前3000年之前——石头数量不多但却令人印象深刻。公元前2600年左右——金属被引入不列颠全岛，坚硬的凿刻工具被制作出来，这个时期的巨石阵更精致完美。公元前2000年——在这个最后时期，以传统方法建立的巨石阵数量便开始减少。整体形状也不是很完美，不是呈现椭圆形就是扭曲的环状。

## 巨石阵的独特魅力

巨石阵的吸引力无比巨大，各种各样的人被吸引到这些巨大而古老的石块前，其中有前来探索其奥秘的知识渊博的考古学家，也有只为到这片神秘之地走一遭的普通市民。而巨石阵的秘密之难解令人咂舌，即使世界上最聪明的人也无法猜透其建造目的何在。在诗作《唐璜》中，拜伦又一次提出了无数人曾问过的问题："德鲁伊特们的丛林已经消失——宏伟的

◆从"巨石阵"挖掘出来的尸骨

## HAIYOU DUOSHAO WEIZHI YU KENENG
### 还有多少未知与可能

◆ "巨石阵"构成神秘的圆环形

斯通亨奇巨石阵却依然耸立，可它们究竟是为何而建？"

撒克逊人称这组耸立的石头为"巨石阵"或"悬石"，而中世纪作家则称之为"巨石的舞蹈"。17世纪著名建筑师尼戈·琼斯是首位认真研究斯通亨奇巨石阵的人，他认为斯通亨奇巨石阵是一座罗马神庙；而18世纪古物研究家、共济会会员威廉·斯图克莱则认为巨石阵曾经是英国德鲁伊特教的斯通亨奇神庙，很多人同意他的观点。直到20世纪，考古学家才得出了斯通亨奇巨石阵的确切年代，对它的目的也有了更为可信的论断。

如今斯通亨奇巨石阵所遗留下来的只是其昔日荣耀的一个轮廓，而这个轮廓也令人颇为难忘。尽管一半以上的石块或者掉落下来，或者丢失，或被掩埋在草皮下，巨石阵的原始布局仍依稀可辨。

## 建造巨石阵的目的何在？

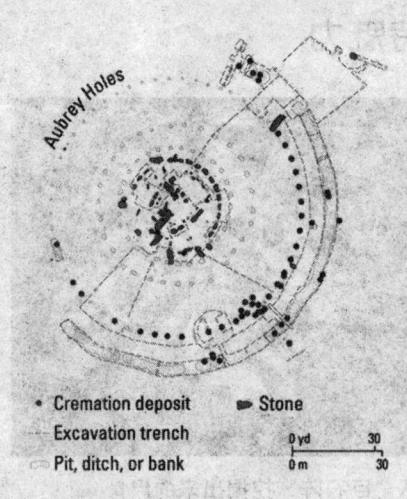

◆ "巨石阵"分布图

精心的策划、细致的布置以及建造过程中所耗费的规模浩大的人力，这一切都表明斯通亨奇巨石阵意义非凡，而建筑时需要使用威尔士的蓝砂岩和绿色砂岩这个事实表明这些巨石是建造这一工程不可或缺的材料。显然，建造巨石阵并不仅仅是为当地人提供一个集会场所。那么，其目的究竟是什么呢？几条有趣的线索似乎为揭开谜底提供了依据。夏至时太阳会从脚跟石与另一块已不复存在的巨石之间升起——难道早期的巨石阵是用来在每年的这一重要时刻

绚烂的迷幻之地——欧洲

向赋予万物生机的太阳展示祖辈的遗迹？在56个奥布里格洞中发现的火葬墓穴，表明人们曾在这里举办过葬礼，而这些洞也许曾用来象征通往地下世界的大门。

美国天文学家杰拉尔德·霍金斯曾用电脑破译许多直线排列的巨石所代表的意义，他得出结论说巨石阵是观察天象的一种复杂手段。但利用巨石阵所观测到信息的准确性值得怀疑；更值得怀疑的是，古人是否真的像当今科学家这样热衷于探索、发现。他们最为关注的也许是制定一部基本历法，或者出于宗教目的制图展示天体的运行轨迹。

◆索尔兹伯里平原风光

### 巨石阵的建造者之谜

斯通亨奇巨石阵的建造者并不是过着乡下农民生活的原始居民。虽然没留下任何文字记录，但他们有着非凡的学识和技能，这一点不容置疑。也许直到现在也没有人真正揣摩出巨石阵的用途。英国作家、神秘事物研究者约翰·米歇尔说斯通亨奇巨石阵是"一座祭祀神道十二宫图诸神的神庙。它展示了理想的宇宙哲学论，展示了最完美的宇宙全景。"也许，他的说法是正确的。

## 神秘力量依然存在？

2008年，英国考古学家杰弗里·温莱特和蒂莫西·达维尔认为，巨石阵无异于"新石器时代的卢尔德"。卢尔德是法国圣地，因被认为具有神奇的治疗功效而名噪一时。

墓葬用品散落在巨石阵及其岩石碎屑周围，代表一种避邪之物，表明巨石阵在古代的作用首先是一处朝圣地。同时，巨石阵一带发现了数量非

## HAIYOU DUOSHAO WEIZHI YU KENENG
## 还有多少未知与可能

◆夜幕中的巨石阵

比寻常的骨骼,上面均留有重病或重伤的迹象。对遗骸牙齿分析的结果表明,其中一半人来于巨石阵以外地区。考古学家根据这次发掘结果推测,人们来到此地的原因或许是认为这里的石头具有治病"神力"。达维尔猜测,人们当时怀着一种悲伤、绝望的心情来到巨石阵。生病或受伤的古人来到那里,冀望"神石"能帮助他们康复。大约3000年前,斯通亨奇巨石阵的神秘庙宇遭到废弃,但是庙宇的大部分建筑被保存了下来,其魔力依然存在。

世界神秘之地

绚烂的迷幻之地——欧洲

SHIJIE SHENMI ZHI DI

## 史前文明的瑰宝
### ——纽格兰奇古墓

往都柏林以北驱车约两个小时可以抵达纽格兰奇，那儿有一个修建于距今5000年以前的巨型史前古墓，比英国的巨石阵和埃及金字塔都还要早。这就是纽格兰奇墓。

在位于爱尔兰首都都柏林以北约45千米的博因河湾，有一群建于5000多年前的史前坟墓遗址，即著名的博因河考古遗址。这处古墓遗址主要由纽格兰奇墓、诺斯墓和道斯墓三座大型石墓组成，其中又以纽格兰奇墓名声最大。作为欧洲最重要的史前巨石文化遗址之一，这些宏伟的建筑在1993年被列入联合国教科文组织的《世界遗产名录》。

纽格兰奇墓是一座长廊式墓室，是世上已知最古老的建筑物之一。它建于大约公元前3200年——比埃及金字塔早几百年呢！

◆遥看纽格兰奇墓

◆纽格兰奇墓俯瞰

世界神秘之地

"科学就在你身边"系列

### 还有多少未知与可能

## 精湛的建造艺术

◆以纽格兰奇墓为题材的邮票

从外形看，古朴的纽格兰奇巨墓不过是高坡坡顶上一个微微隆起、遍覆青草的圆形大土堆。但其实，它的构造堪称工程史上的奇迹。巨墓地基由97块数吨重的大石头水平铺就，其中许多块都刻有象征意义的图案。而整座墓则是由20多万吨石头和土块垒成的。墓区石头上的螺旋形图案或单独出现或成组出现，有时沿同一方向旋转、有时故意反方向旋转。

◆格兰奇墓前巨石

◆墓区石头上的螺旋形图案

令人惊异的是，古墓完全依靠石头堆砌而成，没有使用任何粘合技术，竖立了5000年却安然无恙。墓室最令人惊叹的是入口上方敞开的一个小长方"窗口"，每年冬至12月21日，一年中白天最短的一天，黎明的阳光会慢慢射入墓穴室内的最里端，这也就是说，一年里其他时间阳光是照不进来的，墓内一片黑暗，然而在年终前的日子，古人设计让阳光照亮墓室，对新石器时代的农夫们而言，这将意味着伴随新的一年到来之复活，以及新年给予农作物与牛羊动物的更新。但是现在的游客要欣赏这样景象的机会却并不容易，还得排队抽签才能得到，每年大约有两万人在现场申

绚烂的迷幻之地——欧洲

请,但最后能进入的仅有 50 人。

## 墓室内外

纽格兰奇巨墓始建于公元前 3200 年左右,但直到 1699 年人们在修路时才偶尔发现了它。现在,它是爱尔兰最有名的史前遗迹,也是西欧发现的此类墓葬中水平最高、构思最奇特的一个。

◆墓外巨石上的螺旋形图案

绕过巨大的墓室门,走进墓穴内部,便见一条 19 米长、低矮笔直的石头甬道,尽头是一个不规则的圆形石屋,约 6 米高,一次只能容十余人站立。室内三个壁凹,每个壁凹里有一个大石盆,大概是进行某种宗教仪式用的。在石室里,考古学家发现了两具尸体残骸、至少三名死者的骨灰、四件垂饰、两串珠子、一片燧石、一个骨制凿子和一些骨制别针等等,但死者是什么人,至今不得而知。

◆爱尔兰岛的古建筑

### 广角镜——巨型石墓的工程学奇迹

墓室前还散布着几块巨石。巨石以及巨石阵、石圈,都是爱尔兰与英国独有的史前遗迹,其意义至今仍是一个未解之谜。跟同时期的英格兰巨石阵一样,纽格兰奇巨型石墓也是工程学上的奇迹。根据考古学家的分析,石墓内部的石块可能是从博因河上通过底部枕上圆木而滚到预定地点的。他们推测如此浩大的工程必定要耗费几十年的时间,需要几代人的共同努力。但是新石器时代的人到底为

## HAIYOU DUOSHAO WEIZHI YU KENENG
### 还有多少未知与可能

什么要建这座巨大的坟墓，至今还是没有结论。考古学家还发现很多石块上雕刻着漩涡状的花纹，可能代表着太阳。漩涡线本身在其他的巨石文化中也很常见，但是在使用石斧或石凿的新石器时代发现漩涡线，在爱尔兰岛以外的同时代考古发掘中还是十分罕见的。

## 爱尔兰岛的古老遗址

◆爱尔兰风光

爱尔兰岛除了著名的纽格兰奇墓外，还有许多著名的古老遗址。举例如下：

泰隆郡的比莫尔石头，20世纪40年代在切割泥炭的时候被发现，其历史可以追溯到公元前1500年。发现该石头的地点拥有七个石头圈，而对于这些石头的用途则有好几个版本，包括埋葬仪式、庆典仪式和重大的阴阳历活动等。

米斯郡的那奥思墓地和附近的纽格兰奇墓非常类似，其历史大约5000年之久，入口则是在多诺村庄附近的博因游客中心。那奥思每年四月到十月对外开放。

凯尔斯是一个用于抵抗北欧海盗侵袭的美丽圆塔，现在该圆塔仍然保留着，其前身也曾是一个修道院，著名的《凯尔经》（Book of Kells）就是1000多年前在这里创作而成。现在这本书被放在都柏林圣三一学院内。

阿玛郡的纳文堡垒是阿尔斯特国王的皇宫所在地，也是这个省以前首府的所在地。它是一个坐落在山顶上的巨大建筑，内部还有两个历史遗迹——一个圆形的铁器时代埋葬地和一个大型的墓室。纳文中心对这个重要的历史遗址进行解说，让游客能更加了解该地区的丰富历史。

绚烂的迷幻之地——欧洲

**你知道吗？**

### 爱尔兰为什么被称为"绿岛"？

爱尔兰国土由中部平原和环列四周的滨海山构成，形似一个边缘陡峭的盆地，南北高中间低；中部平原占全国总面积的一半以上，海拔30～120米，间有海拔200～300米的低丘，这一地区被茂盛的森林覆盖，绿地遍野，是理想的草原牧场。

世
界
神
秘
之
地

HAIYOU DUOSHAO
WEIZHI YU KENENG

还有多少未知与可能

# 献给神的殿堂
## ——圣地亚哥－德孔波斯特拉古城

明朝王守仁在《谏迎佛疏》中写到："一尘不动，弹指之间可以立跻圣地。"圣地，是指有重大作用和历史意义的地方。圣地一般用于宗教方面，指对宗教有重大影响或与宗教创始人有极大关系的地方。

圣地，是宗教信徒都想参观与朝圣的神的殿堂。接下来，让我们一起步入西班牙天主教朝圣圣地——圣地亚哥－德孔波斯特拉古城。

◆圣地亚哥－德孔波斯特拉古城一景

◆圣地亚哥－德孔波斯特拉大教堂

圣地亚哥－德孔波斯特拉古城是西班牙加里西亚自治区的首府。相传耶稣十二门徒之一的雅各安葬於此，于1985年被列为世界文化遗产。西班牙境内和法国境内的通往圣地亚哥－德孔波斯特拉之路分别于1993年和1998年被列为两项单独的世界文化遗产。

绚烂的迷幻之地——欧洲

西班牙西北部这个著名的朝觐圣址成为西班牙基督教反对伊斯兰教的重要象征。古城在10世纪遭到了穆斯林的严重毁坏，于11世纪得到彻底重建。整座古城是以圣雅各的坟墓和奉有圣雅各圣骨的教堂为中心发展起来的。

## 圣城的起源

公元711年，来自北非的一支穆斯林军队在直布罗陀附近的西班牙海岸登陆。西哥特人的西班牙王国开始衰落，7年内整个半岛都屈从于这些训练有素、勇敢善战的入侵者的统治。在随后的跨越整个中世纪的8个世纪中，西班牙的历史一直为伊斯兰和基督教这两个相互对立的教派和文化势力所左右，这两者之间的关系难以相处，但并不总是势不两立的。

圣雅各成了基督教军队"重新征服"西班牙的象征人物，了解他在这一斗争中的神话作用，对了解中世纪的西班牙是至关重要的。他以"争强好胜的圣地亚哥"（"圣雅各，摩尔人的屠夫"）而著称，历来被说成是一个佩带利剑、身骑白马的勇士。

◆圣地亚哥—德孔波斯特拉大教堂北面

◆美丽的古城

正好，9世纪的一次发现揭示了传说中圣雅各的墓地就在伊里亚弗拉维亚镇附近，位于伊比利亚半岛的最西端。在此之前的一段时间，隐修士贝拉基和这个地区的许多人一直为一些奇怪而神秘的现象感到不安。一到夜间，空中就充满了不可思议的光线和甜美的圣歌，唱歌的似乎是天使。特奥德米尔主教获悉这些情况后，很快发现它们来自一个坟墓，毋庸置

## 还有多少未知与可能

疑,这正是圣雅各的坟。

阿方索二世得到这个神奇发现的消息后写道:"坟墓的存在向我们揭示了神圣的使徒最为宝贵的财富,即他的圣骨。得到这个消息后,我的心中充满虔诚和祈求,立即带着我的朝臣前往朝拜这个珍贵的文物,我们涕泪交加,不住祈祷,向西班牙的这个守护神和保护人表示敬意。"

## 朝觐的起源和历史

在当代文献中,圣雅各坟墓的发现被称为"inventio",意即这是一个完全出人意料而又绝妙的巧遇,是不可思议的。阿方索二世令人在墓地上建起了一座小教堂,不久又扩建成长方形教堂。圣地亚哥—德孔波斯特拉镇在墓地周围发展起来。后来,它成了西班牙基督徒的一个强有力的象征,以至于基督徒军队844年在克拉维霍的胜利也被归功于圣雅各的直接干预,该镇于997年遭阿尔曼苏尔洗劫,在11世纪重建。

很难确切地说明第一次到德孔波斯特拉朝觐是从何时开始的。阿方索二世的上述记载是这种"朝觐"的第一个文字见证。此后不久,信徒们开始从西班牙北部各省涌向德孔波斯特拉,形成了连续不断的朝觐人流,并持续至今,根据记载,第一个从国外前去朝觐的人是法国勒皮的主教戈德斯卡勒。他是在阿方索二世朝拜德孔波斯特拉100年后和他的随从们一起前往朝拜的。

此后,大多数朝觐者都是外国人。人们沿着过去通向罗马的道路从欧洲各地纷纷前往,很快他们就确定了具体的路线,这些路线渐渐地被称为"圣地亚哥之路"了。

### 知识库——"世界文化遗产"评选标准

代表一种创造性天才的杰作;能为一种现存的或已经消失的文明的文化传统提供一种独特的或至少是特殊的见证;可作为一种类型的建筑物、建筑群或景观的杰出范例,展示人类历史上一个(或几个)重要阶段;可作为传统的人类居住地或使用地并代表一种(或几种)文化的杰出范例等。

绚烂的迷幻之地——欧洲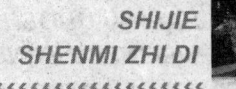

## 古城的意义与影响

朝圣之路使西班牙在中世纪的世界中拥有了强大的地位,再度创造了巨大的精神财富,科学、文学和艺术第一次跨越比利牛斯山,走出国门。它使许多彩饰手稿传入法国南部。它为史诗文学的回忆性主题提供了传播的渠道,使这种主题被《罗兰之歌》吸收并转化为法国形式。恰恰是通过朝觐者,安达卢西亚抒情风格的韵律和崇高理想才跨越国界,进入了法国南方、北方的行吟诗人,甚至是德国的爱情诗人的歌曲中,使他们对东方音乐有了一些了解。

朝圣之路将欧洲各地的学者汇集到托莱多的翻译学校。他们来自达尔马提亚的山区、意大利的城市、易北河两岸、布鲁日的运河和苏格兰的迷雾,回家时带走了

◆古城建筑上的雕塑

伊斯兰西班牙的伟大哲学家和智者的主要著作的拉丁文译本。它将西欧的许多新事物带入西班牙:哥特风格、教会的仪式和等级制度、罗马的制度和法国文学、意大利的学术成就和博洛尼亚学派的法律体系。通过朝觐者和恶棍、高尚者和无赖往返其间的成千上万的小径,圣雅各创造了最惊人的奇迹,将西班牙与西方紧密地联系在一起。

 **万花筒**

阿方索二世是小王国阿斯图里亚斯和莱昂的统治者,王国首都设在奥维耶多。

世界神秘之地

还有多少未知与可能

世界神秘之地

## 恐怖的神庙
### ——马耳他巨石文化的神殿

◆马耳他巨石庙遗址

马耳他共和国位于地中海，紧临意大利。马耳他有着典型的地中海气候，风景美丽，四季常青，常年有令人心旷神怡的阳光、海水和沙滩，是世界著名的旅游胜地。同时马耳他也是一个神秘的国家，有着非常悠久的文明。

随着每一刻的时光飞逝，现在关于马耳他的争论有增无减。神秘的巨石神庙、沉没海底的人工建筑，这些未解之谜使无数学者认为，马耳他的人类文明史可推溯至一万年前的冰河时期。可是，在那个时期，地球表面大部分地区都被约3千米厚的冰块覆盖着，人类是如何创造文明的呢？

◆历经沧桑的巨石

建于5500年以前的马耳他巨石庙，是世界上最老的不需支撑的石头结构。尽管被列入权威的世界遗产目录之中，但是却几乎没人知道这儿存在的史前自立石头结构要远比埃及的金字塔和石篱古老得多。

绚烂的迷幻之地——欧洲

## 马耳他"地窖"的发现

1902年，马耳他岛繁荣兴旺的佩奥拉镇发生了一起轰动世界的大事。当时一群建筑工人正在为一家食品店盖房，其中有几个工人为建造一个蓄水池正满头大汗地凿着地下的岩石。突然，脚下的岩石露出一个洞口，待凿开一看，竟是一个通过凿通硬石灰岩而建成的宏伟的地下室。起初，工人们并没有在意，只是把凿下来的碎石、废泥以及垃圾堆放在洞穴里面，但其中一个颇有头脑的工人认为此事非同寻常，便向当地有关部门作了汇报。闻讯赶来的考古学家们对洞穴仔细地进行了挖掘和清理，一个规模宏大、设计独特的史前建筑逐渐清晰地呈现在世人面前。沉寂的马耳他岛从此名声大噪。

▶自立石头结构

▶蓝窗

这座巨大的石制地下建筑共分三层，最深处距地面12米，错综复杂，仿佛一座地下迷宫。它由上下交错、多层重叠的多个房间组成。里面有一些进出洞口和奇妙的小房间，旁边还有一些大小不等的壁孔。中央大厅耸立着直接由巨大的石料凿成的大圆柱、小支柱，支撑着半圆形的屋顶。整个建筑线条清晰、棱角分明，甚至那些粗大的石架也不例外，没有发现用石头镶嵌补漏的地方。它的石柱、屋顶风格与马耳他其他许多古墓、庙宇如出一辙，但别的庙宇都建在地上，这座建筑却深藏于地下的石灰岩中。由于构造奇特，人们借用希腊文"地窖"一词来形容它，意为"地下建筑"。

世界神秘之地

## HAIYOU DUOSHAO WEIZHI YU KENENG
### 还有多少未知与可能

 **你知道吗？**

#### 7000具古尸不翼而飞？

海波吉姆是一座位于马耳他大港湾附近的大型地下建筑群，也是目前为止马耳他发现的唯一的大型地下建筑群。不过，它不是一座神庙，而是一座巨大的合葬墓，考古人员曾从这里发现了约7000具古尸。但令人惊讶并感到诡异的问题随后出现，这数千具尸骨在被发掘后不久全都不翼而飞，甚至有人传言连地下建筑的古代壁画也一夜间消失了。

## 马耳他巨石庙群

*世界神秘之地*

◆和戈佐岛上的教堂

在马耳他群岛的岛屿上，以及在马耳他和戈佐岛屿上，都可以看见巨大的岩石结构，这些岩石结构堪称巨石文化中最为复杂、最为奇特的古代岩石建筑；此外，该建筑属于纯粹的土著文化，迄今为止，它们没有掺杂一点外部文化。最初，这些建筑物被用作葬礼仪式举办之地，但后来，人

◆杰刚梯亚巨石神庙遗址

绚烂的迷幻之地——欧洲

们在此建立了专门进行朝圣的地方。

马耳他巨石庙群中有一个是哈尔萨夫利恩尼的地下建筑。该纪念遗址其实是一处墓地，里面有近7000具尸体，是在一个石灰石质的小山上凿出的。经历了几个世纪后，坟墓中的房间越来越多，通往新出口的新通道不断被凿出，最后整个遗址形成了一个有着3层33个房间的地下结构，成为一个名副其实的地下迷宫。在地下建筑的一个外室中，周围的岩墙上刻出了高大而雅致的柱子。有走廊通往该地下建筑的中心。

◆精湛的建筑技术

在马耳他和戈佐岛上发现的7个巨石庙中，它们每一个都是独立发展的结果。最引人注目的地方莫过于公元前3600年（青铜时代）在戈佐岛上的詹蒂亚综合建筑，它展现出高超的建筑艺术。另外，对当时的建筑者来说，资源非常有限，能建造出这样的建筑确实让人惊叹。

## 杰刚梯亚神殿

马耳他巨石庙亦称为"马耳他巨石文化时代的神殿"或"属于巨石文化时代的马耳他的神殿"，是马耳他在戈佐岛等地的著名历史古迹。在众多的神殿中，尤以杰刚梯亚神殿和哈格尔基姆神殿闻名于世。其中杰刚梯亚神殿是现存世界上最古老的神殿，其建筑结构之复杂，工艺之精湛，堪称奇迹。

杰刚梯亚神殿形成于公元前24世纪以前，是马耳他神殿中最著名的神殿，它面向东南，背朝西北，用硬质的珊瑚石灰岩巨石建成，是属于新石器时代晚期的古

◆马耳他迷人风光

## 还有多少未知与可能

迹。杰刚梯亚神殿的庙宇大门和墙壁都是用巨石垒成的，庙外至今散落着曾经用来搬运这些巨石的滚石球。神殿外墙的最后部分所用的石材高达6米，最大的巨石重达几十吨。在那久远的年代，人们就能用原始工具将这些巨石用于建筑之中。如何将这样巨大的石块运送到工地，至今还是一个不可思议的奇迹。神殿的内部装饰使用的是软质石灰岩。神殿最早只有南庙后部的3个穹顶，公元前2200年左右又增建了两个小穹顶。整体外观非常典雅。

 万花筒

马耳他有悠久的骑士文化。当地骑士有着庄严的形象，整齐的盔甲和武器，有着一种另类的帅气。

 点击——世界文化遗产

到目前为止，马耳他群岛上已发现了30座神殿。除杰刚梯亚神殿外，还有5座神殿于1992年被扩展为世界文化遗产。其中的哈格尔基姆神殿，坐落在马耳他群岛南部的克雷蒂，建筑年代晚于杰刚梯亚神殿，因而技术更先进，巨石之间吻合得天衣无缝，令人叹为观止，是当时建筑技术的极品。在该庙宇中的很多石头的位置都被精心地调整过，其中一块长达660米用做铺路石的大石板，是马耳他群岛中最令人瞩目的巨石块。

# 雄壮的诡秘之地
## ——美洲

美洲特别是拉丁美洲的历史是异常悠久的，它不是我们现在所认为的从发现新大陆的时间开始的。拉丁美洲的印第安土著人约在3万年前就到了这里，从而产生了这里的文化特质！

从早期的耕作种植到欧洲人发现这里，美洲的文化变迁是没有经过长期的演化而成的，它直接由原始的文化艺术转变为早期的欧洲封建主义文化。散发独特文化色彩的美洲，加上他们对于神学的深信，使得魔幻现实主义的写实在这块大陆上广泛地流传。现在就让我们一起走进雄壮的诡秘之地，去领略美洲的神奇吧。

# 鲁迅的前辈之风

—— 关山 ——

雄壮的诡秘之地——美洲

SHIJIE
SHENMI ZHI DI

## 飞禽走兽的极乐世界
## ——"恶水"死亡谷

世界上有五大死亡谷,它们分别存在于美国、俄罗斯、中国、意大利和印尼。其恐怖景象各不相同。今天让我们一起走进美国的死亡谷,感受它的凶险和颤栗。

◆死亡谷里的瑰丽景色

◆死亡谷国家公园里跋涉的游客

世界神秘之地

在美国加利福尼亚州与内华达州相毗连的群山之中,有一条特大的"死亡谷"。它长225千米,宽约6～26千米不等,面积达1400多平方千米。峡谷两"岸",悬崖绝壁,地势十分险恶。

这里也是北美洲最炽热、最干燥的地区。几乎常年不下雨,更有过连续六个多星期气温超过40℃的纪录。每逢倾盆大雨,炽热的地方便会冲起

HAIYOU DUOSHAO
WEIZHI YU KENENG

还有多少未知与可能

滚滚泥流。这里还有"死火山口"、"干骨谷"和"葬礼山"等不祥的别称。见者不寒而栗，闻者谈之色变。

## 死亡谷的得名

死亡谷形成约在三百万年前，起因是由于地球重力将地壳压碎成巨大的岩块而致，当时部份岩块突起成山，部份倾斜成谷。直至冰河时代，排山倒海的湖水灌入低凹地势，淹没整个盆底，后经过几百万年火焰般日头的蒸熬酷晒，这个太古世纪遗留下来的大盐湖终于干涸而尽。如今展露在大自然下的死谷，只是一层层覆盖泥浆与岩盐层的堆积。

印第安人在此所遗留的文化残骸，可追溯至9000年前，但"死亡谷"之恶名直至150年前才被宣扬开来。1849年冬，一列去金山的淘金队伍抄快捷方式横越该谷，因不敌此地恶劣的天候，导致无垠的黄沙中平添白骨数堆。成功穿越山谷的少数人在离开此地时伤心地时说了句"Goodbye Death Valley"，Death Valley 由此得名。

世界神秘之地

◆恶水——西半球地面最低处

◆美国死亡谷里的死火山口

奇闻——对动物仁慈

令人不可思议的是，这个地狱般的"死亡谷"，竟是飞禽走兽的"极乐

## 雄壮的诡秘之地——美洲

世界"——200多种鸟类、10多种蛇、7种蜥蜴、野驴等1500多种动物在那里悠然自得，逍遥快活。它们或飞、或爬、或跑、或卧，好不自在。时至今日，谁也弄不清这条峡谷为何对人类是如此的凶残，而对动物却是如此的仁慈。

## 死亡谷的怪石

美国加州的死亡谷是地球上的怪异地貌之一，右边图像中的场景是死亡谷内一个称为赛车场盐湖的干湖床，除了一些散布在表面的巨大怪石之外，它展现出一个很接近完美的水平地貌。

当然赛车场盐湖的景观很特殊，不过这种大型干盐湖为什么会很平，而且具有很特别的纹路，并不是什么科学谜团，因为它们是大雨后，湖床经过泥流、干涸和龟裂过程所产生的景观。问题是为什么在这么平的地方，会有300公斤重的巨石出现在湖床的中心？

◆死亡谷里会走路的石头

## 死亡谷的罕见奇观

据美国媒体2005年3月15日报道，位于加州的死亡谷近日出现罕见奇观，原本荒凉的山谷出现了一个花的海洋。各种紫色、粉红色、白色的野花丛点缀在山腰，而在谷底布满了一种金黄色的野花。

这种金黄色的野花通常生活在沙漠中，它长出的种子外面覆盖着一层厚厚的壳，可以让种子冬眠长达数十年。只有持续不断的降水才能诱使这

HAIYOU DUOSHAO
WEIZHI YU KENENG

还有多少未知与可能

世界神秘之地

◆黄色野花盛开在死亡谷谷底

◆谷底美得让人窒息的野花

些种子萌芽生长，而当有适量的湿度、阳光和温度后，这种花就会盛开。2004年冬天的气候恰好满足了这些条件，暴风雪带给这片沙漠的降水是平常的3倍。这些降水促使这种野花的种子开始发芽生长。

专家称，死亡谷这种野花遍野的现象非常罕见，有的人一生只能看到一次。植物协会执行理事称，死亡谷已经有大约50年没有出现这种野花遍山谷的景象。

## 死亡谷的生物

夏季期间，因为高温的影响，此地大量上升的暖气流便在谷地的上方集成云团，等到聚集足够的云量，便降下雨量造成短暂的骤雨，谷地里的

## 雄壮的诡秘之地——美洲

野花和植物得到雨水的滋润，会倏地开遍了整个死亡谷。

居住在这个地方的动物，除了响尾蛇、蝎子之外，还有一些像是沙漠壁虎、小狐狸、大角山羊、老鹰和黄莺等，它们出没的时间大多集中在日出前或傍晚时分，选择这个时间因为温度较低，以便活动。

◆谷底植物

### 奇闻——让人惊叹的生命

死亡谷虽然被视为地球上最不适于居住的地区之一，但是却生长着一些适应力奇强无比的生物。其中棉球沼泽的沙漠小鱼可以住在比海水多出6倍盐分的水中。尤其春天时，更有一种长约3厘米的沙漠小鱼还会特地移动到6.5千米外的盐溪产卵。它们适应干燥气候、咸水和恶劣环境的生命能力，着实令人惊叹！

## 死亡谷的气候

虽然它拥有一个相当令人惊悚的名字，然而此地却是美国著名的爱德华空军基地和太空实验的场所，拜沙漠地带终年不断的强风所赐，高科技的风力发电产业便在此蓬蓬勃勃的发展。

令人赞叹的是，沙砾地质奇观成为此地最大的特色。而因为气候炎热的关系，吸引各地的游客前来亲身体验它的炙热。此地

◆"死亡谷"有着特殊的地质

HAIYOU DUOSHAO
WEIZHI YU KENENG

## 还有多少未知与可能

◆ "死亡谷"谷底的仙人掌

还曾经于1913年7月10日,创下57℃的西半球高温记录。

尽管如此,死亡谷依旧迷人,因为就是让人几乎失去空间感和时间感的错觉,沧海桑田、物换星移的变迁,才更能让人感受死亡谷生与死交融的魔力!

### 奇闻——少得可怜的降水

死亡谷每年的降雨量只有6厘米,这个稀少的水量主要是来自南方的墨西哥湾。此地过去曾经是一个内陆湖,自从内华达山脉在冰河时期消失后,再也没有春日融化的雪水注入湖中,加上炙热的气候,一年之中就足足蒸发500厘米的湖水。谷底气候之所以如此干燥,另一个主要原因是因为内华达山、帕那敏山以及阿加斯山三座山形成了雨水屏障,由太平洋吹来的海风所挟带的湿气几乎都没有办法进到谷内,使此地的降雨几率更是微乎其微。

雄壮的诡秘之地——美洲

## 峭壁间的河床——查科峡谷

美国是个年轻的国家，国民大多是来自世界各地的移民。初来的移民，对本地印第安人大肆杀戮，以致美洲最早的主人所剩寥寥。直到后来，人们开始对印第安人实行保护政策，才总算留下了少许的印第安人，他们的祖先在这块土地上创造的文化，也成了最珍贵的历史遗迹。

在这里我们将沿着历史的足迹走遍美国著名的印第安人遗迹——查科峡谷。

在美国的新墨西哥州就保留着美国最大的印第安人遗址——查科峡谷国家遗迹，这里不仅留有印第安人生活的遗迹，还有卡尔斯巴德天然洞穴。进入谷内，就会看到一排排的村落，坐落在查科洼地里。

◆查科峡谷遗址

◆土著居民住宅遗址

如今，这里气候干燥，草木不生。峡谷两旁耸立着15米至40米高的峭壁，峭壁之间是时断时续的查科河冲积而成的沙石河床。这里曾经是北美洲史前最辉煌、最成熟的文明中心之一。公元1000年前后，查科兴旺起来，成为阿那萨吉文化的重要中心。

还有多少未知与可能

  广角镜

美国查科文化国家历史公园是一个十分特殊的地方。这里偏僻并且与世隔绝，总让人心旷神怡。

## 查科峡谷遗址的发现

19世纪40年代末期，美国政府打算在新墨西哥州的西北部实现两个目标：其一就是要降服那伐鹤印第安人。他们仍在自己部落的领土上抵抗着白人的定居；其二是想在那边崎岖的地表上找到并绘制出一条好的路线，以利于军队的运输，保证白人的定居和铁路的最终修通。

◆美国查科文化国家历史公园的卫星图

为了达到第一个目的，美国政府于1849年夏季派遣了一支由一个上校统帅的部队，从圣达非城出发。为了实现第二个目标，部队指令杰姆斯·亨非·曾参上尉随军出征。曾参是美国陆军地形测绘大队的成员，同曾参一起出征的还有弟兄两个，哥哥叫理查德·肯，弟弟叫理查德·尼德。兄弟俩都是绘画艺术家，他们的工作是帮助曾参测量和绘图。

世界神秘之地

## 雄壮的诡秘之地——美洲

这支特遣部队从圣达非向西北进发，尾随那伐鹤印第安人进入他们沿着查科河在峡谷里的藏身之地，并击败了他们。休整数天之后，部队挥师向西，进入了今天亚利桑那州东北部，准备攻击那伐鹤印第安人另一个重兵把守的据点。这一次，特遣队再塑辉煌。可是曾参和肯兄弟俩对这些交火并不怎么感兴趣，而是沉湎于周围

◆查科峡谷壮丽风光

的环境之中。他们分别在查科峡谷和且里峡谷的谷底和谷壁上发现已风化的、由巨大暗红色石头修成的建筑，它们和周围的环境色泽融为一体。随着这次出征，他们有了更多惊人的发现，完成了19世纪众多最伟大的考古发现中的一件——他们碰巧踏上了美国土著居民的古居地，今天的考古学家称这些土著居民为安纳沙兹人。

这些古居遗址不同于曾参上尉从前见过的任何东西，特别是查科峡谷里的遗址。对曾参来讲，简直就是一次令人震惊的发现。查科河水在贫瘠的沙岩质高原上冲凿出一条长达16千米的峡谷，沿着这条峡谷屹立着一连串村落的废墟遗址。大型的村落座落在谷底，其他的耸立在谷壁边上，高高地悬在谷底村落之上。每一个村落都是一个单一独立、向四周伸延的建筑，平顶、多层，少则十几间，多则上百间。

曾参和肯兄弟花了好几天的时间来测量、绘制和勾画这些废墟遗址的草图。曾参本人对废墟遗址的石匠手艺特别感叹不已，许许多多砖形的石块整齐地拼接在了一起，就像"一件宝贵的镶嵌工艺品"。后来，有的科学家经过计算发现，仅是切措克托村（查科峡谷村落里的一个），就使用了5000万片经过打磨和切割的沙岩；这可能是在长达一个多世纪里各个阶段修建的结果。

## 还有多少未知与可能

### 知识库——查科文化遗址的地位

查科峡谷是公元850到公元1250年期间的一个主要的古印第安文化中心。查科文化遗址象征了美国文化遗址的典型，它的地位是脆弱而不可替代的。这个遗址是新墨西哥州普韦布洛印第安人、亚利桑那州霍皮印第安人、西南部纳瓦霍印第安人神圣祖国的一部分，所有这些印第安人都一如既往地敬仰这里并以此为荣。

## 安纳沙兹文化

◆美国查科文化国家历史公园实景图

◆遗址风光

大约在公元200年时安纳沙兹文化就开始出现在四角地带崎岖的高地沙漠里，早期的安纳沙兹人居住在地屋，即修筑在谷底浅平石坑里，或周围和屋顶用圆木搭成的屋子里。因为他们能编制非常结实和实用的篮子来贮存食物，考古学家称早期安纳沙兹人为编篮人。他们穿着用植物纤维编制的围裙，系着腰带，脚蹬拖鞋；冬天里则披着斗蓬和兔毛毡子。

公元600年左右，安纳沙兹文化的编篮人时期让位于村落时期，这时人们已经掌握了制陶技术，最终发展成为具有独特安纳沙兹风格的陶器———一种由白色粘土制成，上面画着黑色的人物和动物，以及极为复杂的几何图像的陶制器皿。与此同时，安纳沙兹人搬出了地屋，住进了用石块或烧成的砖坯建造的地面建筑。但是这种新的部落群体里仍然保留着像老地屋一

## 雄壮的诡秘之地——美洲

样的地下室，而且似乎也不是作为寝室。大多数的科学家称之为坑屋，其名称沿用于今天西南部的印第安人用来祈祷和聚会的地下室。一个安纳沙兹村落至少得有一个坑屋，下坑屋时得借助于梯子。考古学家们相信，对于安纳沙兹人来讲，坑屋是阳间和阴间、特别是和祖先灵魂相沟通联系的地方。

◆被遗忘的村落

大约在公元1000年，安纳沙兹文化进入了自己的繁荣期——大厦时期。在此期间，大量的悬崖和峡谷村落建成了。在四角地带40万平方千米的广袤土地上，安纳沙兹人建立了数以10万计的村落群，光是在新墨西哥州，考古学家已经查明证实的废墟遗址就有2.2万处。安纳沙兹村落群有三大分支：科罗拉多

◆峡谷傍晚的彩霞

州的伟达方山地区，亚利桑那州东北部的加引塔地区和新墨西哥州的查科峡谷区。当然，查科峡谷区的村落遗址最有名气，我们今天对安纳沙兹人的了解大多源于此地，它不仅是最大的安纳沙兹村落群，也是美国最大的考古废墟遗址。

查科峡谷拥有13座大厦，或称之为13个村落，它们当中最宏大的首推波尼托。每个村落拥有相当数量的坑屋，仅在波尼托一处，考古学家就找到了32个。查科峡谷地区较小的文物遗址至少还有2400多个，从几千年前猎户篝火遗迹到近期延伸的安纳沙兹峡谷村落和崖屋，则不知其数。

HAIYOU DUOSHAO
WEIZHI YU KENENG

还有多少未知与可能

广角镜——安纳沙兹文化的消失

◆峡谷出土的圆柱形缸罐

查科峡谷里找到的某些文物显示，那里的居民在四通八达的印第安商业网中发挥了作用。但是，后来安纳沙兹人消失了。他们没有留下任何文字记录，因此我们可能永远也不会明白他们为什么会放弃花费如此巨大功夫才建成的村落和崖屋。科学家没有找到任何战争和瘟疫的痕迹，但是查科树木的年轮却告诉我们，在一段时间的降雨之后查科峡谷遭受了长期的旱灾困扰：从1050年到1130年，这里年年都享受充沛的雨量。然后干旱降临了，发生于12世纪和13世纪的一系列旱灾使得那里居民的生计越来越难以维持，大约到了1200年，查科人砍光了这个地区所有的树木。这次毁林不仅使他们宝贵的农田迅速地沙化，而且也可能间接地导致了干旱的恶化，直至他们最终离开了这里。

雄壮的诡秘之地——美洲

## 古印第安人的居所
### ——卡霍基亚土丘

在世界众多的城市中，历史悠久、文化底蕴丰厚的古都是最为熠熠生辉、引人注目的。在北美大陆上有这么一个古都，承载着印第安人文化的厚重，始终散发着平静优雅的魅力，这就是卡霍基亚土丘。

今天就让我们走进这座古都，一起领略印第安文化的魅力。

◆卡霍基亚土丘历史遗址

卡霍基亚土丘历史遗址位于美国伊利诺伊州附近，距离圣路易斯不远，是古印第安人遗址。1982年，联合国教科文组织将卡霍基亚遗址作为文化遗产，列入《世界遗产名录》。2007年，卡霍基亚被美国Live Science评为世界十大古都之第十位。

## 卡霍基亚简介

卡霍基亚位于北美洲，大约在公元1100年，卡霍基亚的居民达到了3万人。公元700年，印第安人来到卡霍基亚土丘，以狩猎、捕鱼、采集和耕种为生。公元900年以后，卡霍基亚成为密西西比文化中心，周围有众多的部落、村庄和卫星城镇。在18世纪末北美东北部人口开始爆炸之前，伊利诺伊州的卡霍基亚一直是北美最大的城市。这个有着密西西比河文化的城市，有发达的商业，有先进的建筑。

卡霍基亚曾经有120多座土丘，现在还保存着68座。这些土丘完全用

## HAIYOU DUOSHAO WEIZHI YU KENENG
## 还有多少未知与可能

◆土丘空中俯瞰

泥土筑成，大多数土丘是分阶段完成的。为了修建这些土丘，印第安人共挖土140多万立方米。卡霍基亚人修建的土丘分为三种。最常见的一种是平台类土丘，顶部的平台用来建造一些纪念性建筑，或者给部落中地位比较高的人居住。另外两种类型是顶部圆锥形或山脊形的土丘，用来埋葬部落中的重要人物或标明某个重要位置。

世界神秘之地

 **广角镜**

印第安人拥有奇怪的语言，翻译成英文经常要连续使用同一个字母。

其中最大的平台土丘叫"僧侣土丘"，修建于公元900年至1200年，因19世纪初法国的特拉普派僧侣居住而得名。僧侣土丘的底部占地面积约5.6万平方米，有4级梯形平台，高30米，顶部建有一座长30米、宽15米、高15米的巨大建筑物，被称为世界上最大的金字塔。这里原先是部落要人居住的地方，他们在这里主持纪念仪式，管理城市。

克霍基亚土丘群是研究哥伦布发现新大陆以前密西西比地区文明最理想的古迹，1982年被列入联合国世界遗产名录。

 **小知识**

### 印第安人的婚礼

婚礼地点多选择在印第安人聚居区公共建筑物里举行，一般是一幢较大的木头房屋。举行婚礼时，亲朋好友，左邻右舍，村中居民纷纷来到木房里，众人席地而坐，互致问候。男女老幼身穿民族服装，款式新颖，色泽艳丽。虽然印第安人性情开朗，但婚礼场合却显得非常安静，即使说话也是轻言细语。

雄壮的诡秘之地——美洲

## 印第安人

◆印第安人精于射箭

◆北美印第安人

　　印第安人是对除爱斯基摩人外的所有美洲原住民的总称。美洲土著居民中的绝大多数为印第安人，分布于南北美洲各国，传统将其划归蒙古人种美洲支系。印第安人所说的语言一般总称为印第安语，或者称为美洲原住民语言。印第安人的族群及其语言的系属情况均十分复杂，至今没有公认的分类。

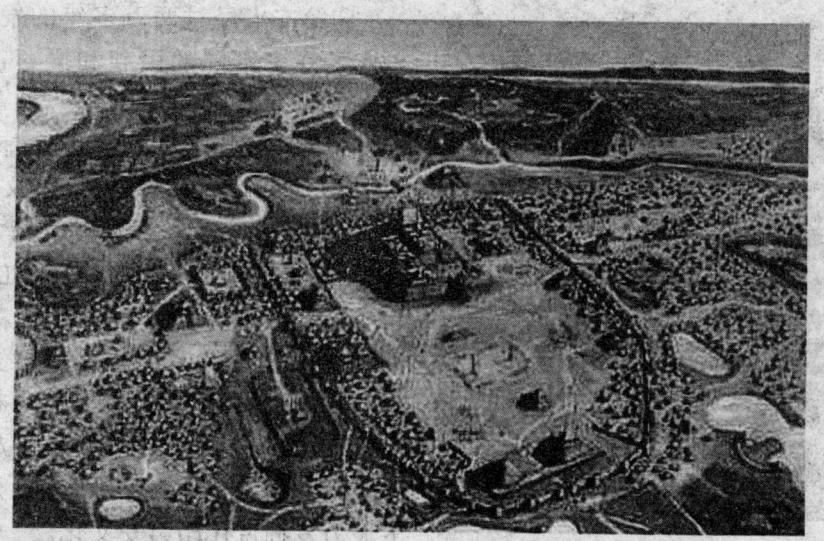
◆卡霍基亚古遗址

HAIYOU DUOSHAO
WEIZHI YU KENENG

## 还有多少未知与可能

印第安人是拉丁美洲最早的居民。他们之所以被成为"印第安人"，主要是因为当年哥伦布等探险者，以为他们到达的"新陆地"是印度，称当地居民为"印第安"人（"印度"一词的英文发音）。印第安人以前曾称为红种人，因为他们的皮肤经常是红色的，后来才知道这些红色是由于习惯在面部涂红颜料所给人的错误认识。

研究者认为，印第安人的祖先大约是在2万年前从亚洲渡过白令海峡到达美洲的，或者是通过冰封的海峡陆桥过去的。他们与亚洲同时代的人有某些相同的文化特色，例如用火、驯犬及某些特殊仪式与医疗方法等。

印第安人经过两万多年的发展，产生了许多不同的民族和语言，在历史上曾建立过四个帝国，最重要的是中美洲的阿兹特克帝国和南美洲的印加帝国，发明过玛雅文字，对天文学研究的造诣也相当深，为世界提供了玉米、番薯、西红柿、烟草、可可等作物。由于殖民者迫害、杀戮印第安人，毁灭印第安文化，致使现在残存的古代文明材料已经不多，但目前的研究越来越引起考古界的关注，美洲国家也开始下大力发掘古代印第安文化。

◆印第安人是北美洲的原住

◆印第安人的游牧生活

世界神秘之地

雄壮的诡秘之地——美洲

# 印第安人文化

　　印第安人相信"万物有灵论"，他们崇敬自然，对自然界的一草一木、一山一石都报以敬畏态度。印第安人相当程度上已经被欧洲基督教信仰所同化，在今天的美国大部分印第安人信基督，但印第安的原始信仰仍然存在，它与基督教相混杂，成为一种奇怪的宗教信仰。卡耶特说，宗教信仰在印第安人生活中占据很高地位，最重要的部落首领是宗教领袖，他在内部事务上的权力高于部落首长。在大多数部落中，部落首长仅负责对外事务，主要是与联邦或当地政府打交道，但他的任命权在宗教领袖，他在对内事务上更要听宗教领袖的。

广角镜——印第安人的语言

　　印第安人的语言是世界上最有趣、最难懂的语言之一。据说，在第一次世界大战的军队中服役的印第安人，专门负责打电话，他们彼此用语言传达部队"命令"，然后翻译成英文或其他文字。这个方法是最可靠、最保密的，因为除了他们以外，谁也不懂其中的秘密。

HAIYOU DUOSHAO
WEIZHI YU KENENG

还有多少未知与可能

# 丛林中的谜语
## ——"美洲的雅典"玛雅古城

玛雅文化是世界最重要的古文化之一,更是美洲重要的古典文化。玛雅人在5000年前就出现在墨西哥和中美洲危地马拉的太平洋海岸,在美洲远古的石器时代就开始了他们的生产活动。玛雅文化的深厚神秘,至今连专家们也感到深不可测。就在他们最兴旺的时代,突然就从地球上消失得无影无踪。

玛雅文明为什么突然消失?玛雅人最终都去了哪里?让我们一起走进玛雅人的丛林谜语。

世界神秘之地

◆奇琴伊查玛雅城邦遗址

◆神秘的玛雅金字塔

玛雅文明是美洲古代印第安文明的杰出代表,以印第安玛雅人而得名,约形成于公元前2500年,主要分布在墨西哥南部、危地马拉、巴西、

雄壮的诡秘之地——美洲

伯利兹以及洪都拉斯和萨尔瓦多西部地区。玛雅文明在物质文化、科学艺术等方面都取得了卓越成就。

## 玛雅文明的特点

玛雅文明古老而神秘，但也有一些有据可循的特点，以下列举几个玛雅文明的特点：

1. 玛雅文明属于石器文明，玛雅人没有发明使用青铜器，更不用说铁器。

2. 尽管已掌握高度的建造技术，但玛雅人不会使用铜铁，也不会使用轮车。轮子的概念虽然在陶器以及一种小玩具等文物中出现，但是在现实生活中没有实用化。但是，它却创造了高度的城市文明。

3. 农业以玉米为主食，所以又称为"玉米文明"，没有牛马猪羊，没有出现畜牧业的痕迹，农民采用一种极原始的米尔帕耕作法。

4. 数学采用二十进制，发现并使用了"零"的概念（另一说则是由奥尔梅克人传授），掌握高度的数学和天文历法知识。

5. 使用独特的象形文字：玛雅文字。

◆古城遗址

## 玛雅古城的发现

1839年，探险家史蒂芬斯率队在中美洲热带雨林中发现古玛雅人的遗迹：壮丽的金字塔、富有的宫殿和用古怪的象形文字刻在石板上的高度精确的历法。

世界神秘之地

"科学就在你身边"系列

## HAIYOU DUOSHAO WEIZHI YU KENENG
## 还有多少未知与可能

◆晚霞中的古城

◆神秘的丛林

◆在圣巴托罗壁画上的玉米之神的儿子图像

世界神秘之地

自从史蒂芬斯在洪都拉斯的热带丛林第一次发现玛雅古文明遗址以来，世界各国考古人员在中美洲的丛林和荒原上共发现了170多处被弃的玛雅古代城市遗迹，并发现在公元前1000年到公元8世纪，玛雅人的文明足迹北起墨西哥的尤卡坦半岛，南至危地马拉、洪都拉斯，直达安第斯山脉。这个神秘的民族在南美的热带丛林中建造了一座座规模令人咋舌的巨型建筑。雄伟壮观的提卡尔城，其电脑复原图出现在人们面前时，许多现代城市的设计师也自叹弗如。奇琴·伊察的武士庙，屋顶虽已消失，那巍然耸立的1000根石柱仍然令人想起当年的气魄。这一切都使人感到，这是个不平凡的民族。

 **广角镜**

　　玛雅人有丰富的史学和文学文献。玛雅人用象形文字创作了成千上万种书籍和数不清的石刻。

　　随着对玛雅文化的进一步考察，人们又惊奇地发现，几千年前的玛雅

## 雄壮的诡秘之地——美洲

人竟有着无与伦比的数学造诣,有着独特的谜一样的文字。而且奇琴·伊察、提卡尔、帕伦克等地的巨型建筑也并非出自玛雅人的实际生活的需要,而是严格依照神奇的玛雅历法周期建造的。

### 奇闻——高度的文明

他们有着精美绝伦的雕刻、绘画和青铜艺术。然而在这个登峰造极的高度文明诞生之前,玛雅人巢居树穴以采集为生,这样的原始部落怎么能突然产生这么高度的文明?即使到了16世纪,西班牙人在布满古迹遗址的尤卡坦半岛上看到的印第安人,还是住泥巴糊的茅屋,以采集狩猎勉强糊口。显然那种精确的天文历法和数学,那种令全世界景仰的文明、艺术,都远远超出了当地印第安土著那几近原始生活的实际需求。这使任何人都不能不产生深深的疑问:古代玛雅人是怎么得到了那高深的知识?灿烂的玛雅文化究竟是怎样产生的,后来又为什么销声匿迹?

## 古隧道之谜

20世纪70年代,人们在南美洲发现了一条玛雅人的古隧道,据估计它至少有5万多年的历史,而实际上它的年代更为古远。这条隧道离地面250米深,仅在秘鲁、厄瓜多尔境内就有数百千米长。隧道的秘密入口由一个印第安部落(古代玛雅人的后裔)把守着。他们说,这里是"神灵"居住的地方,他们遵守祖训,世世代代守在这里。

◆古玛雅地下迷宫

在古隧道里,考古学家发现了许多远古文物,这些物品放在隧道里的许多洞穴中。更使考古学家们兴奋的是一些刻有符号和象形文字的金属叶

## HAIYOU DUOSHAO WEIZHI YU KENENG
## 还有多少未知与可能

◆太阳金字塔

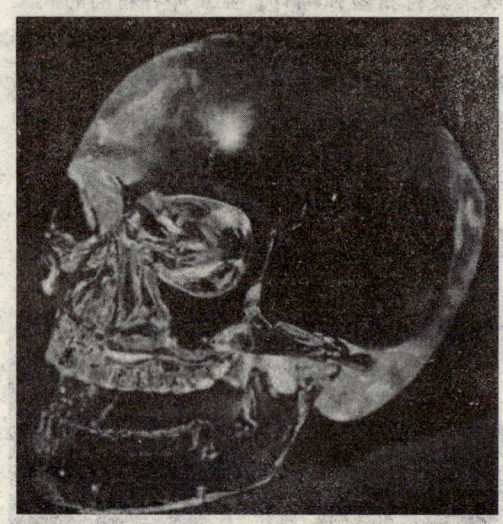

◆神秘的玛雅水晶头像

世界神秘之地

片以及不同形状和色彩的石器和金属制品。遗憾的是直到现在还没有人能破译这些文字。

隧道的穴壁光洁平滑，似乎经过磨光，与地面成直角。穴顶平坦，像涂了一层釉，不像是天然形成，而像是某种机械削切的结果。隧道中有个"大厅"长164米，宽153米，里面放着像桌子、椅子似的"家具"。奇怪的是这些物品的材料很特殊，既不是钢铁、石头，也不是塑料和木材，而它又像钢铁和石头那样坚硬和笨重，在地球上至今没有发现过这种材料。"大厅"里面有许多金属叶片，大多在长约100厘米，宽50厘米之间，厚度约2厘米，一片一片排列着，像是一本装订好的书。金属片上都写有很多符号及象形文字。据专家认定，那些符号是机器有规律压印上的结果，目前已发现3000多片。

隧道里还有许多用黄金制作的图案，其中有两块雕刻的是金字塔。每个金字塔旁边都刻着一排符号，还有一个用黄金雕刻的柱子，这个柱子长52厘米，宽14厘米，厚3.8厘米，柱子上刻有56个方格，每个方格里都有奇怪的符号。

雄壮的诡秘之地——美洲

**你知道吗？**

古代玛雅人为什么开凿如此工程浩大的隧道？里面的物品及文字又隐藏着什么样的秘密？

据考古探测和远古文献记载，考古学家推断地球上很可能有一条穿越大西洋底，连接欧、亚、美、非的环球地下隧道，这些古隧道又很可能是古代玛雅人的杰作。

远古时期的地下隧道是世界上最难破解的谜。

## 帕伦克古城

帕伦克古城是墨西哥历史文化名城、玛雅古国城市遗址。座落在恰帕斯州北部，是典型的玛雅文明遗址。帕伦克是玛雅文明古典时期最重要的城邦之一。古城的历史可以追溯到公元前1世纪，城市发展的顶峰时期是

◆帕伦克古城

## 还有多少未知与可能

公元600年至700年间,迄今保存下来的古老建筑多是在这一时期修造的,素有"美洲的雅典"之称,包括古城在内、占地面积达1772公顷的帕伦克国家公园已被联合国教科文组织列入世界文化及自然遗产保护名录。

帕伦克古城布局沿平缓的坡地自东向西展开,奥托罗姆河缓缓穿过城中心。帕伦克的主要建筑是1座宫殿和5座神庙。宫殿建在梯形土台上,建筑物排列在4个四方的中庭四周,建筑物之间有走廊或地下通道相连。帕伦克宫殿的一角还有一座高耸的塔楼,被称为"天体观测塔",塔楼共4层,高15米,是玛雅建筑唯一的塔楼式建筑。帕伦克宫殿内部装

◆墨西哥发现玛雅时代远古集市遗址

饰有风格华丽、技巧精湛的壁画和浮雕。宫殿通道上的浮雕描绘了帕伦克国王巴加尔加冕的情景。画面上,巴加尔的母亲萨克·库克将王冠交给了这位年轻的君主。从碑文得知,这件事发生于公元615年。另外,在宫殿中东面的中庭有大量描绘巴加尔国王生年事迹的浮雕。

### 广角镜——是因为呼出了一口热气?

1949年,考古学家阿尔韦托·鲁斯在帕伦克"铭文庙"的最上层平台发现了一个通向坟墓的台阶。他发现了一块3.8米长、2.2米宽、带有神秘装饰图案的石板。50年来,专家们对这个图案的意义争吵不休。它展示了一个祭台上的玛雅少年吗?是一个遭到原始巨型怪物复仇的人?还是一个从脖子上长出玉米新生命的谷神?作家埃里希·冯·德尼肯基甚至从中看到了一个宇航员。只有一点

是肯定的：帕伦克墓的死者是玛雅侯爵帕卡尔，他死于公元7世纪。根据传说，他死时"呼出了一口热气"。

## 玛雅文明消失的原因

玛雅文明消失的原因众说纷纭，大多数人相信当时遭受地震、飓风的侵袭，加上人口爆炸、粮食不足、农民暴动和异族侵入等原因，造成玛雅文明的衰亡。但是，确切的答案还未出现，这个秘密的解开，有如拼图游戏一般，目前不过刚刚开始。

面对着玛雅遗址异常灿烂的古代文明，谁都会情不自禁地问：这一切是怎么来的？史学界的材料表明，在这些灿烂文明诞生以前，玛雅人仍巢居树穴，以渔猎为生，其生活水准近乎原始。有人甚至对玛雅人是否为美洲土著表示怀疑。因为没有证据表明，中美洲丛林中这奇迹般的文明，存在着一种渐变，或称过渡阶段的迹象。没有一个由低而高的发展过程，难道玛雅人的这一切是从天而降的吗？

**万花筒**

### 玛雅人的五大预言

1. 预言了玛雅人自己的灭亡。
2. 预言了我们这一代人有飞机有汽车这些高科技。
3. 预言了我们这一代要出一个希特勒这样的人，并且预测了他的出生与死亡日期。
4. 预言了我们这一代人将会在第五个太阳纪终结。
5. 第五个预言就是2012年，世界末日。科学家也检测到2012年会有大转变。可怕的是，前四个预言全都准了，只差最后一个。

还有多少未知与可能

## 创造神的地方
## ——"诸神之城"特奥蒂瓦坎古城

◆特奥蒂瓦坎古城

◆古城空中俯瞰

在哥伦布发现新大陆前,美洲有一个重要的政治和宗教活动中心,它属于光辉灿烂的印第安文化之一,有"诸神之城"的美名。它就是特奥蒂瓦坎古城。当阿兹特克文化在美洲中部高原兴起时,它却已经成为废墟。

但是,即使现在人们来到寂静广阔的古城废墟时,依旧能在宏伟壮观的建筑遗迹前肃然起敬。

特奥蒂瓦坎古城(Teotihuacan),位于墨西哥首都墨西哥城东北约40千米处。在其繁荣兴盛的六七世纪,全城有20万人口,规模可以和中国当时的长安相比。1987年,联合国教科文组织将特奥蒂瓦坎古城作为文化遗产列入《世界遗产名录》。

雄壮的诡秘之地——美洲

## 神秘的古城

◆太阳金字塔

◆太阳金字塔的台阶

◆古城一角

　　特奥蒂瓦坎，在印第安人纳瓦语中的意思是"创造太阳和月亮神的地方"。在印第安传说中，他们崇拜的第四代太阳不再发光了，地球被笼罩在一片黑暗之中，人间万物生灵面临着毁灭的危险。宇宙的诸神听到了从地球上传来濒临死亡的人们的恐怖叫喊和痛苦呻吟，于是从宇宙中飘落到特奥蒂瓦坎，燃起了篝火。地球又一次见到了光明，万物复苏，生灵获救。

　　但不久，篝火的火焰越来越弱，最后又被黑暗吞没，地球上再次陷入黑暗。为了使地球永见光明，人类永远欢乐，诸神修筑了太阳和月亮金字塔，在两塔之间，又一次燃起火，熊熊烈火越烧越旺。诸神商定，谁有勇气，自愿跳入火中，就变成第一代太阳，永远得到人类的崇敬。诸神中低贱的纳纳瓦特神和高贵的特克西斯特卡尔神表示愿意作出牺牲，变成太阳，照耀地球。纳纳瓦特神首先勇敢地跃身跳进火里，顿时一轮红日从东方冉冉升起。而特克西斯特卡尔这个时候却害

HAIYOU DUOSHAO
WEIZHI YU KENENG
**还有多少未知与可能**

怕了，只是在看到纳纳瓦特神变成太阳后，才下定决心咬牙跳进已是十分微弱的火堆。只是他已经失去了机会，没有变成太阳，成为了只能在太阳下山后用暗淡光辉照亮大地的月亮。这就是关于特奥蒂瓦坎地名由来的传说。

## 金字塔神殿

◆暗色调的太阳金字塔

墨西哥城北的广阔高原，耸立着两座巍峨壮观的金字塔。墨西哥人骄傲地把它们同埃及的金字塔相比。这就是闻名世界的墨西哥太阳金字塔（Pyramid of sun）和月亮金字塔（Pyramid of Moon）。人们常说，到中国不去长城等于没到过中国。同样，到墨西哥不去看一看这两座金字塔，也就等于没到过墨西哥。

太阳金字塔和月亮金字塔造型为四边形层叠平台，每层向上收缩，作神殿和祭坛之用。祭司在塔顶祭祖太阳神、雨神和战神。另外，这里还举行牺牲仪式，祭司把活人绑在"牺牲石"上，剖胸取心奉献给太阳。全盛时期的特奥蒂瓦坎是阿兹特克人的圣地。1971年在太阳金字塔的考古挖掘证实了这个观点。人们在金字塔的中心发现了放有祭品的洞穴。

月亮金字塔位于古城的最北端，高度低于太阳金字塔，顶部已经坍塌。太阳金字塔是特奥蒂瓦坎古城遗址最大的建筑，大约建于公元2世纪。它坐落在被称为死亡大道的古城中央大道东侧。

◆太阳金字塔的祭司们的住所

世界神秘之地

雄壮的诡秘之地——美洲

太阳金字塔用土和石头堆砌而成，高65米，南北长222米，东西宽225米，四个坡面从底部到顶端共有5层，总体积约为100多万立方米。当时的特奥蒂瓦坎人并没有掌握铁制工具，可以想象工程是何等艰巨。用来建造金字塔的巨石并不规则，大多呈深褐色，也有土黄黑的，所以整个金字塔是一种浑厚深沉的暗色调。

在太阳金字塔侧旁的广场右边，有一片独具特色的住房群，供管理太阳金字塔的祭司们居住。在广场北端，有一座华丽的"太阳宫"，是太阳金字塔最高祭司的宫殿。宫殿内的壁画色彩鲜艳。是古城遗迹中迄今发现的最精美的壁画之一。

### 链接——月亮金字塔

月亮金字塔坐落于死亡大道的北端。月亮金字塔比太阳金字塔晚建成150年，规模也不及太阳金字塔的。月亮金字塔高46米。由于建在比太阳金字塔更高的地基上，因此两塔顶端的高度处同一水平。塔的正面，阶梯陡峻，从底下向顶端仰望，塔顶高耸入云；从顶部往下俯瞰，视野广阔。同太阳金字塔一样，月亮金字塔内也有好几层结构，属于不同时期的建筑。月亮金字塔下是月亮广场。广场从南到北共204.5米，由东往西137米。月亮广场中央是一座四方形的祭台，特奥蒂瓦坎古城重要的宗教仪式都在这里举行，月亮广场的建筑讲究对称，给人宽广宏伟的感觉。

## 黄泉大道

特奥蒂瓦坎城在全盛时期，是世界最大城市之一。据估计，居民有20多万，面积达20平方千米。当时城市建筑结构的严谨，为以后阿兹特克人修建特诺奇提特兰城所效仿。纵贯南北的黄泉大道是古城的重要组成部分，金字塔、庙宇、亭台楼阁以及大街小巷、匀称地分布在黄泉大道的两侧。大概由于宗

◆黄泉大道

## 还有多少未知与可能

教的原因,大街南端一片空旷,没有任何建筑。为什么称为黄泉大道,考古学家们已无从考证。有人解释说,因当时活人祭神,尸体在大街上火化(特奥蒂瓦坎没有土葬习惯,全城没有发现一座坟墓),黄泉大道由此得名。

黄泉大道全长4千米,宽45米,南北纵贯全城。大道南端为古城的大建筑群,是当时宗教、贸易和行政管理中心,如今已成为博物馆、商场和管理办公室的所在地。

1974年,一位名叫休·哈列斯顿的人在墨西哥召开的国际美洲人大会上声称,他在特奥蒂瓦坎找到一个适合它所有街道和建筑的测量单位。通过运用电子计算机计算,这个单位长度为1.059米。例如特奥蒂瓦坎的羽蛇庙、月亮金字塔和太阳金字塔的高度分别是21、42、63个"单位",其比例为1∶2∶3。

哈列斯顿测量黄泉大道两边的神庙和金字塔遗址时,发现了一个让人惊讶的情况:黄泉大道上那些遗址的距离,恰好表示着太阳系行星的轨道数据。在"城堡"周围的神庙废墟里,地球和太阳的距离为96个"单位",金星为72,水星为36,火星为144。"城堡"后面有一条运河,它离"城堡"的中轴线为288个"单位",刚好是木星和火星之间小行星带的距离。离中轴线520个"单位"处是一座无名神庙的废墟,这相当

◆古城出土的雕像

◆金字塔在古城中静静伫立

## 雄壮的诡秘之地——美洲

于从木星到太阳的距离。再过945个"单位",又是一座神庙遗址,这是太阳到土星的距离。再走1845个"单位",就到了月亮金字塔的中心,这刚好是天王星的轨道数据。假如再把"黄泉大道"的直线延长,就到了塞罗戈多山上的两处遗址。其距离分别为2880个和3780个"单位",刚好是冥王星和海王星轨道的距离。

 **你知道吗?**

### 这一切都是偶然的巧合?

如果说这一切都是偶然的巧合,显然令人难以信服。如果说这是建造者们有意识的安排,那么黄泉大道显然是根据太阳系模型建造的,肯定特奥蒂瓦坎的设计者们早了解整个太阳系的行星运行情况,并懂得了各个行星与太阳之间的轨道数据。然而,人类1781年才发现天王星,1845年才发现海王星,1930年发现冥王星。那么在混沌初开的史前时代,是哪一只看不见的手,为建造特奥蒂瓦坎的人们指点出了这一切呢?

对于特奥蒂瓦坎城建立的年代,学者却没有一致的看法。大多数学者认为,这座城市兴盛于公元前100年到公元600年之间。最近,在考古学家利用碳14对古城内的灰烬和木块进行测定的过程中,有人认为整座古城的历史年代,应比目前断定的还要早几百年;也有人认为,特奥蒂瓦坎城的崛起,时间应该更早,约在公元前1500年到前1000年之间。还有的学者根据地质资料,将特奥蒂瓦坎建城日期推到公元前4000年之前。

## 豪华的蝴蝶宫

月亮广场以西,耸立着古城最豪华的建筑——"蝴蝶宫"。这是宗教上层人士和达官贵人居住的地方。宫殿里的壁画完整无损,保持着原来的鲜艳色彩。中央大厅的圆柱上刻着蝶翅鸟身的浮雕。西边圆柱上雕刻着一只美丽飞鸟,双翅齐展,仿佛迎面飞来。"蝴蝶宫"的住房结构典型地反映出当时特奥蒂瓦坎城建筑的特点:每幢房子都是四方形,正对东南西北四个方向,房子中间都有一个四方形的天井。

## HAIYOU DUOSHAO WEIZHI YU KENENG
### 还有多少未知与可能

◆博物馆恢复展出特奥蒂瓦坎雕像

在"蝴蝶宫"下面，挖掘出了另一座宙宇，是迄今发现的特奥蒂瓦坎城最古老的建筑，称为"羽螺庙"，其墙上画有许多用美丽羽毛装饰的海螺。在离羽螺庙不远的地方，是"美洲豹宫"，它的门口墙上画着两只蹲在地上的美洲豹。美洲豹头饰羽毛，虎视眈眈，前爪握着一只海螺，在嘴边吹奏。

 **点击——特奥蒂瓦坎古城**

特奥蒂瓦坎最早的居民来自墨西哥西部和墨西哥湾的纳瓦人和托托纳卡人。随着时间的推移，特奥蒂瓦坎文化的影响也日益扩大，最后遍及整个美洲高原地区。特奥蒂瓦坎古城的主要经济活动是手工业，出产的手工艺品美观大方，富有想象力。他们的陶器已经利用模子大批生产，使用浮雕、直接上色和类似景泰蓝的珐琅彩釉等不同的制作方法。农业也有相当水平，能修筑梯田、挖渠灌溉，种植玉米、蕃茄、南瓜、可可、棉花和烟草等作物。由于城市经常举行宗教仪式，朝圣者从四面八方涌来，商业也随之发展起来。外地的棉花、纺织品、玉石、朱砂和黑耀石等商品在市场上随处可以买到。繁华一时。

雄壮的诡秘之地——美洲

SHIJIE
SHENMI ZHI DI

# 谷地的神秘巨画
## ——"世界第八奇迹"纳斯卡

秘鲁南部的纳斯卡地区，存在着一个2000年的谜局：一片绵延几公里的线条，构成各种生动的图案，镶刻在大地之上，这些线条沉默无言，似乎在耐心等待后人的破解。——究竟是谁创造了纳斯卡线条、它们又是怎样创造出来的、神秘线条背后的谜底到底是什么？

今天我们就一起走进纳斯卡巨画的神秘空间。

◆纳斯卡线条——蜘蛛

纳斯卡位于秘鲁伊卡省的东南部（坐标：14°41′S，75°07′W）。它本是一个名不见经传的小镇，但是到20世纪中叶这儿却突然热闹起来。因为这里发掘出大批古墓，里面的许多彩陶和纺织等殉葬品引起了国内外历史学家和考古学家的注意。更有意义的是，有一次考古学家乘坐飞机在"塞罗斯"草原上空，惊讶地发现许多巨大的图案。这些图案后来被称为"纳斯卡谷地巨画"。

## "世界第八奇迹"

整个谷地布满了由宽窄不一的"沟"组成的三角形、长方形、平行四边形、菱形和螺旋形等几何图形。它们又分别组成蜥蜴、蜘蛛、鳝鱼、长爪狗、老鹰、海鸥、孔雀以及仙人掌等动植物的轮廓图。每个图案竟有几

## HAIYOU DUOSHAO WEIZHI YU KENENG
## 还有多少未知与可能

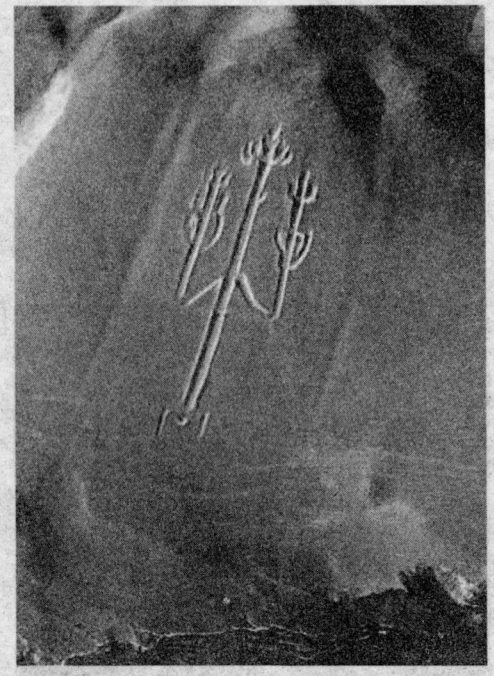

▶ 沙漠中的巨画

百平方米之大。而最大的一个占地500000平方米。例如，一只大鹏展开的翅膀就有50米之宽，而鸟身体长度达300米。这些图案不仅层次分明，而且间隔适度，有些相同的图案简直象一个模子里印出来的，其精确度令人吃惊。

当旭日东升之时，登上纳斯卡山巅，一幅美丽奇异的图画便呈现在你面前。但当太阳升高之后，这些巨画便杳然消失。由此可见，古代纳斯卡艺术家还利用光学原理对巨画的布局设计作出了精确的计算，使之具有如此神秘之魅力。也正因如此，纳斯卡谷地的巨画被称为"世界第八奇迹"。

广角镜

1983年在纳斯卡地区的南端发现了一座名叫卡华赤的古城。这里是古代纳斯卡人的居住地。

雄壮的诡秘之地——美洲

SHIJIE
SHENMI ZHI DI

 **你知道吗?**

**是谁造就了纳斯卡线条吗?**

美国麻省大学研究员戴维·约翰逊,多年来一直在研究纳斯卡地区古代灌溉系统。戴维认为这些巨大的图形,还有它们之间数千米长的线条,是纳斯卡人用来记录地下水源地位置的标记。正像今天,我们城市中供水系统图纸一样,这些神秘的线条正是古纳斯卡人所绘制的自己的供水系统图。而在它下面,就是古人用来饮用和灌溉、对于纳斯卡人最为宝贵的水利体系。

## 巨画的来历和用途

纳斯卡巨画的来历和用途是一个难解之谜。目前,有的科学家认为,巨画是古印第安人的天文日历,他们根据阳光在哪条线上沉落来确定季节和时辰;另一些学者推断,巨画同当时印第安人举行盛大的宗教祭祀活动有关;还有的认为,这可能是古印第安人的道路标志或灌溉系统等等。

德国女数学家玛利亚·赖歇将自己的一生献给了纳斯卡线条。作为一个数学家,她特别想知道那些纳斯卡人在设计和刻画线条时是否依据了几何学原理,她发现许多线条爬坡穿谷,绵延很长距离却能保持笔直,很可能是在木桩间拉线作为画线的标准,只要三根木桩在目测范围内保持一条直线,那么,整

▶纳斯卡高原上的几何巨画

世界神秘之地

"科学就在你身边"系列 · 147 ·

HAIYOU DUOSHAO
WEIZHI YU KENENG

## 还有多少未知与可能

◆纳斯卡高原地貌

条线路就能保持笔直。

20世纪80年代，纳斯卡镇的学生们在赖歇的带领下向人们演示了古人是如何制造一条纳斯卡线条的：首先用标杆和绳索标出一条笔直的线，然后再把表面的黑石拿走，漏出下面闪光的白沙，反衬着周围富含铁矿的岩石，于是一条线就出现了。也许，这就是纳斯卡线条的本来面目吧。

 **点击——巨画的难解之谜**

赖歇一生的核心就是那片静止不动的沙漠和它的居民。尽管赖歇论证详细，但是她那些关于巨型线条是如何刻制出来的解释却并未得到普遍接受。赖歇理论中一个致命的问题，就是无法解释那些不规则图案是如何制作的？比如那只巨大的蜘蛛和那个神奇的牧羊人。很显然，蜘蛛和牧羊人的图案不是古纳斯卡人随意或者是无意中在广阔的地面上绘制出来的，而肯定是先有了设计蓝图，然后再制作出来。但是，我们的疑问又一次回到了前面，古纳斯卡人是怎样将图纸上的样子放大到10000平方米甚至更大的土地上的呢？他们又是怎样在施工过程中保证图案不至于变形或走样呢？要知道，人们在地面上是根本无法控制的。

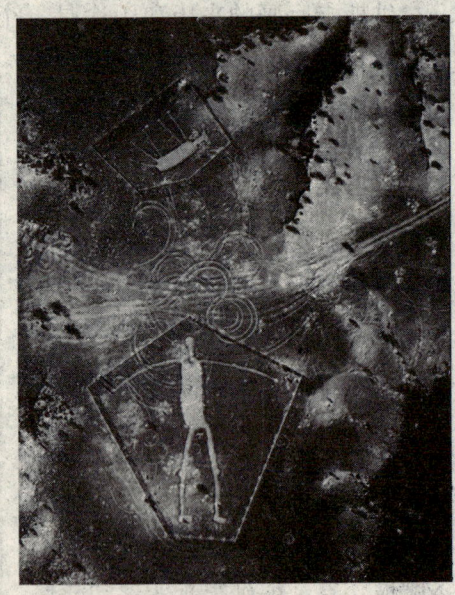

◆纳斯卡人形巨画

雄壮的诡秘之地——美洲

SHIJIE
SHENMI ZHI DI

## 纳斯卡瞭望台

也许，我们忽略了一个最简单的假设：那就是古纳斯卡人很有可能在地面上人工建立了一座宏伟的高台，来监督制造巨大的纳斯卡线条！

在纳斯卡不远的地方，耸立着一些金字塔，它们是玛雅人的杰作。那么，古纳斯卡人是否也建筑了金字塔式的指挥塔，用来监督制作巨大的线条呢？而随着时间的流逝，纳斯卡高原上的指挥塔逐渐消失，最后只剩下那些谜一样的线条呢？

但是，修建如此之高的瞭望台，不仅令人难以想象，更重要的是，建筑此高台所需的材料从何而来呢？2000年前的纳斯卡地区干旱少雨，不可能有茂密的树木生长，高台也就不可能用木头来制造；而假如用土，那么，这里地表是以砾石为主，仅有少量的沙土，根本没有足够的泥土来修建如此之高的高台；假如用岩石，我们今天为何在纳斯卡地区没有发现取材用的大规模采石场呢？

看来，在地面上建造高台的说法，似乎也是站不住脚的。

## 飞行器的设想

今天，纳斯卡线条吸引了越来越多的游客前来参观，而要想欣赏到线条的全貌，就必须乘坐当地提供的一种轻型飞机。在众多的游客当中，不乏对未知事物持有浓厚兴趣的探索者。伍的曼就是这样的人。他不仅是美国佛罗里达航空公司的总裁，还是国际探险协会的会员。

◆纳斯卡高原上的巨鸟

当他乘坐飞机飞过纳斯卡上空时，灵光突然出现在他脑中，古代纳斯卡人是否乘坐一种飞行器来监督制作出线条的呢？更多的证据使伍的曼相

## 还有多少未知与可能

信自己的结论：纳斯卡人在秘鲁山区的后代印加人至今还流传着会飞的物体的传说，而且许多纳斯卡陶器和织物的残片上都饰有飞行的图案，包括气球风筝和鸟一样的飞人。

兴奋不已的伍的曼开始采用一种实验性考古方法来证明自己大胆的假设。他决定仿照古纳斯卡人制造一个热气球，并将其命名为"兀鹫一号"，这是安第斯山一种高飞的巨鸟。为了令人信服，伍的曼清楚，制造兀鹫一号的材料必须尽可能接近古纳斯卡人所用的材料，而气球的样式则与纳斯卡陶器上的飞行图案一样。

◆奇妙的图案

 **三分钟画出巨型线条？**

◆纳斯卡地貌

1976年11月，26米高的兀鹫一号终于完工。人们在地面上建起一个炉灶，以生产出足够的热气灌入气球。几天后的凌晨5点半，伍的曼和一名热气球飞行冠军乘坐它飞上天空，在短短几秒钟的时间里，他们在沙漠上迅速攀升了122米。地面上一阵欢呼，实验成功了，古代纳斯卡人的确可以乘坐热气球飞上空中。但是，接下来的事情却令人沮丧，因为气球只在空中停留了短短的三分钟，这短短的三分钟，对于修建庞大的纳斯卡线条相比，显然是远远不够用的。

雄壮的诡秘之地——美洲

关于纳斯卡线条是如何制造的？人们的探索似乎已经走到了尽头。问题的答案或许就在这些神奇的线条后面，可现在它已经流失在时光之中了。但是，人类探索的热情依然是不会止步的。

## 神秘的光环

冯·丹尼肯为纳斯卡线条赋予了神秘的光环，这位旅馆经理出身的作家在他的《众神的战车》一书中提出：纳斯卡线条是外星飞行器使用的跑道。他认为，不明身份的天使在远古某时降落在纳斯卡高原，在那里为自己的飞行器修建跑道。而他的证据就是那些酷似机场跑道的线条。冯·丹尼肯的作品在1968年问世后，立刻成为国际畅销书，同时也使纳斯卡线条获得更高的知名度。但是，科学家们却不假思索地抛弃了他的想法。他们认为，这个疯子根本就没有科学常识。因为航天器不需要跑道，而且纳斯卡柔软的沙土根本不适合任何沉重的飞行器降落，否则那些宇宙飞行员会陷进土里，拔不出脚来。尽管冯·丹尼肯的外星人假说受到科学界普遍嘲笑，但是却启发了一些人。人们把注意力投向天空。古纳斯卡人会不会参照天上的星座来绘制地面上的图案呢？

◆纳斯卡文明创作的艺术品

从考古学的发现可以看出，远古人们对于天象是极为崇拜的，中国新石器墓葬里曾经出土用贝壳做成的北斗七星图案。那么，古纳斯卡人是否也是这样制作出线条呢？

但星象是不断变化的，而且在星空下，是无法产生投影的。这个假设依旧站不住脚。纳斯卡线条如何绘制的谜底到底什么时候能揭开呢？

还有多少未知与可能

# 失落的印加城市
## ——"空中花园"马丘比丘

世界神秘之地

◆印加帝国"失落之城"

历史上许许多多曾经极度辉煌的古文明历经千百年岁月的冲刷后都只剩下残垣断壁，一堆石头。有一个古文明的遗址，尽管它也同样只剩下一堆石头，但是当你面对它的时候，你会感觉被吸引的地方太多，会有一个强烈的愿望就是赖着不走了。

是什么遗址能如此吸引人的目光呢？这就是神秘的马丘比丘。

马丘比丘位于现今的秘鲁境内库斯科西北130千米，整个遗址高耸在海拔约2350米的山脊上，俯瞰着乌鲁班巴河谷，为热带丛林所包围。

马丘比丘在奇楚亚语中是"古老的山"的意思，也被称作"失落的印加城市"，是保存完好的前哥伦布时期的印加遗迹。马丘比丘是南美洲最重要的考古发掘中心，也因此是秘鲁最受欢迎的旅游景点。

## 马丘比丘的历史

人们认为马丘比丘是印加统治者帕查库蒂于1440年左右建立的，直到

## 雄壮的诡秘之地——美洲

1532年西班牙征服秘鲁时都有人居住。考古发现显示马丘比丘并非普通城市，而是印加贵族的乡间休养场所（类似罗马庄园）。围绕着庭院建有一座庞大的宫殿和供奉印加神祇的庙宇，以及其他供维护人员居住的房子。据估算，在马丘比丘居住的人数，在高峰时也不超过750人，而在没有贵族来访的雨季就更少了。

◆马丘比丘最大的一块广场

印加王国选择在此建立城市，可能是由于其独特的地理和地质特点。据说马丘比丘背后的山的轮廓，代表着印加人仰望天空的脸，而山的最高峰"瓦纳比丘"代表他的鼻子。印加人认为不该从大地上切削石料，因此从周围寻找分散的石块来建造城市。一些石头建筑连灰泥都没有使用，完全靠精确的切割堆砌来完成，修成的墙上石块间的缝隙还不到1毫米宽。

◆石砌的古老建筑物

◆印加古道

2003年有大约40万人参观马丘比丘，联合国教科文组织对大规模旅游会给遗址带来的损害表示关注。秘鲁当局坚称这不是问题，遗址的偏僻会对旅游业形成天然的限制。不断有人建议要在遗址修建缆车，但至今一直未获批准。

## HAIYOU DUOSHAO
## WEIZHI YU KENENG

### 还有多少未知与可能

### 诗——马丘比丘之巅

智利诗人巴勃罗·聂鲁达在其最著名的作品，受马丘比丘启发的"马丘比丘之巅"中写到："我看见石砌的古老建筑物镶嵌在青翠的安第斯高峰之间。激流自风雨侵蚀了几百年的城堡奔腾下泄……"

## 马丘比丘的构造

按照考古学家的划分，马丘比丘由三部分组成：神圣区、南边的通俗区、祭司和贵族区（居住区）。

在神圣区里献给最伟大的太阳神的"Intiwatana"、"太阳庙"和"三窗之屋"是有重大考古学价值的主要宝藏。在居住区中有一部分是专属于贵族们的，这里的房屋成排地建在一个缓坡上；智者们的住宅有红色的

◆马丘比丘门洞

◆依山而建的古城

雄壮的诡秘之地——美洲

墙，王子们住宅则有着梯型的房间。在主城堡中还有一片区域是专门关押和惩戒犯人的监狱。石头建造的纪念陵墓是宗教仪式和献祭牺牲的场所，里面的空间呈拱形，墙壁上还有雕刻。

马丘比丘的全部建筑都是属于印加传统风格的。磨光的规则形状的墙，以及美妙的接缝技巧，墙上石块和石块之间的缝隙连匕首都无法插进去，让人简直无法理解印加人究竟是如何把它们拼接在一起的。

**小 知 识**

独特的位置、地理特点和发现时间较晚，使马丘比丘成了印加帝国最为人所熟悉的标志。

谜——巨石的搬运

让人注意的是，虽然印加人了解圆形，却并不把它运用在建筑中。建筑用的庞大数量石块究竟是如何搬运的，这至今还是个谜。还有，虽然印加人不使用圆形，但却利用了斜坡。据信他们让成千上万的工人推着石块爬上斜坡。可惜的是印加人并未掌握文字的技巧而没有留下任何描述文字。

至今没人明白印加文明为什么能把重达20吨的巨石搬上马丘比丘的山顶。

## 失落之城的发现

1911年的7月24日，美国历史学者海勒姆·宾厄姆让西方世界注意到了马丘比丘。他被熟悉此地的本地人带到马丘比丘。这位受争议的探险家、考古学家，在这里完成了一份该地区的考古学报告。宾厄姆想出了"失落的印加城市"这个吸引人的名字，并用作他第一本书的书名。

2002年，其他不为人知的20世纪探险家留下的足迹被人发现，这些发现显示宾厄姆当初为了成为公认的马丘比丘发现者而故意掩盖了这些痕迹。

## HAIYOU DUOSHAO
## WEIZHI YU KENENG
### 还有多少未知与可能

◆古城旁的安第斯山脉

宾厄姆将5000件古文物带回了耶鲁大学。在秘鲁政府长期要求之下，这些文物至今仍然未被归还。越来越多的人认为宾厄姆和其行为是典型的对文化遗产的掠夺，秘鲁遭受其害颇深。

美洲一直是一个被认为缺失古文明的大陆，直到1911年失落了很多个世纪的古城马丘比丘在秘鲁被发现。一段古老的文明终于重见天日，印第安人在南美所创造的印加文明丝毫不逊色于古罗马文明、古希腊文明。1983年印加文明的"得力之作"马丘比丘被联合国教科文组织列入人类文化遗产名录。

世界神秘之地

◆马丘比丘的晨曦

雄壮的诡秘之地——美洲

## 辉煌的陨落

据推测，马丘比丘建于15世纪印加帝国开始扩张的帕查库蒂统治时期，马丘比丘古城遗址外围是层层梯田形成的农业区，城区则由200座建筑和109个连接山坡和城市的石梯组成。城内规划井然，北部多为庄严的宫阙神殿，南部是作坊、居室和公共场所。印加人称自己为"太阳的子孙"，他们将太阳视作"燃烧的火鹰"，渴望用"拴日石"将带来光明和温暖的太阳永远留在天上。直到今天，对太阳的崇拜仍在印加民间流传。在这座古城关于太阳崇拜的建筑也随处可见。

◆迷人的山顶风光

 **谜——自相残杀？**

1532年，印加帝国正当全盛期，拥有600万国民，掌握了当时先进的有色金属冶炼、加工技术，能制造出一流的冷兵器，还有像马丘比丘那样险要的城堡可坚守。可是数百名西班牙殖民者闯入印加帝国后，经短暂的时间，帝国就消亡了，马丘比丘的印加文明失落了。据口传历史记载的阴谋、谎言等卑鄙伎俩，使史学家推断部族之间自相残杀，势力削减，使偌大的帝国就此消亡。而真正的原因却一直是一个谜。

◆古城里的小道

## 还有多少未知与可能

### 广角镜——马丘比丘的猜想

第一个猜想是功能。强大的帝国为什么要建设这样一座空中城堡？建筑位置、难度都是当时的生产力水平无法承载的负担。印加的统治者为什么会选择在这里建设城堡呢？为了防御？为了最后的退守？为了生产？多少年来，考古学家对这个神奇的古城产生了众多的猜想。最有说服力的猜想是，祭奠神灵。印加人崇拜太阳，太阳神是他们最重要的神灵，印加王都自称为"太阳之子"。选择这样高的位置建设如此规模的一座城，为的只是和太阳更近一些。现代考古学者推断，马丘比丘并不是普通的城市，而是一个举行各种宗教祭祀典礼的活动中心。平时有一些人居住在这里照料寺庙和祭坛，大部分人要到宗教节日才到这里来。考古学家在城里发现的头骨中，绝大多数是女人的头骨，他们推断这些都是为了敬献给太阳神的祭品。

第二个猜想关于建筑。印加古城的建筑，全用巨石建成，见不到灰浆的痕迹，在那个荒蛮的时代，达到如此的工艺水平是一个谜。更重要的是那些巨石，古印加人从哪里用什么方法搬来的？在崎岖狭窄而危险的山脊上，把巨石运上山巅几乎没有可能！秘鲁科学家认为，印加人并没有在悬崖峭壁上搬运巨石，而是在山巅就地取材的。他们在选定的山巅就地采集岩石制作砌块，在山顶开出了一片9万余平方米的开阔平地，垒筑古城，然后把剩余的石块、碎砾全部扔下了山崖，在山巅留下了这座奇迹般的古城。

雄壮的诡秘之地——美洲

SHIJIE
SHENMI ZHI DI

# 石像的故乡
## ——"地球的中心"复活节岛

在浩渺无际的太平洋东南部,有一个著名的小岛——复活节岛,它的面积只有117多平方千米,据1995年统计,居民也只有2000多人。岛上的土著居民是波利尼西亚人,他们称这个岛为"地球的肚脐"或"地球的中心"。这个荒凉的弹丸之地多年来一直吸引着各国的史地学者和考古学家们,因为这个岛上有许多难解之谜。

◆复活节岛巨像

复活节岛位于太平洋东部,由复活节岛和周围一些小岛组成,当地称"拉帕努伊岛",意即"石像的故乡"。自1888年起归智利管辖,行政属智利瓦尔帕莱索省。小小的复活节岛独处地球偏僻的一角,孤悬于东太平洋上,远离其他岛屿。因为岛上那些巨大石像等文物古迹,被称作"神秘之岛"。

## 复活节岛的发现

1722年4月,由荷兰探险家雅各布·罗格文率领的三艘战舰,在东南太平洋的狂风巨浪中颠簸了数月之久。暮色中,他突然发现前方出现一个小岛。在兴奋和猜度中,他们靠近了这个航海图上没有标记的岛屿。然

## HAIYOU DUOSHAO WEIZHI YU KENENG
### 还有多少未知与可能

◆石像侧面

而，他们简直不敢相信自己的眼睛，这个小岛的四周竟然站立着黑压压、一排排参天巨人。再走近一看，原来那是数百尊硕大无比的巨人雕像。正巧这天是复活节，于是就将这个无名小岛命名为复活节岛。1888年，智利政府派人接管该岛，说来也巧，这天又正好是复活节。

复活节岛呈三角形状，长24千米，最宽处17.7千米。面积为117平方千米。岛上死火山很多，有3座较高的火山雄踞岛上三个角的顶端，海岸悬崖陡峭，攀登极难。复活节岛是地球上最孤独的一个岛屿。这个面积仅有117平方千米的三角形小岛位于东太平洋，往东越过3600千米的海面才能见到大陆（智利海岸）。它离太平洋上的其他岛屿也相当遥远，离它最近的有人居住的岛屿是皮特凯恩岛，远在西边2000千米处。直至1722年4月5日，该岛的原居民才与外界有了接触。

*世界神秘之地*

### 复活节岛是世界的肚脐吗？

复活节岛上的居民称自己居住的地方为"特比托奥特赫努阿"，意思是世界的肚脐。事实上，他们的说法确实没有错，因为复活节岛位于太平洋中部，也正是世界的中部——肚脐。难道岛上的居民从高空俯瞰过小岛？这是不可能的，因为他们没有飞行器。那么是否是有人曾经从高处俯瞰过小岛，并把这些告诉给居民？

雄壮的诡秘之地——美洲

SHIJIE
SHENMI ZHI DI

## 复活节岛石像的外观

◆巨石像近照

这些巨大的石雕像大多在海边,有的竖立在草丛中,有的倒在地面上,有的竖在祭坛上。石像一般7～10米高,重约90吨。它们没有脚,双臂垂在身躯两旁;双手放在肚皮上。这些石雕像是用淡黄色火山石雕刻成的。有的还戴着帽子,帽子是用红色岩石雕成的,高几米,形状像个圆柱。有的石雕像身上还刻着符号,有点像纹身图案。除此之外,还发现了比这些巨大的石雕像还要大一倍的石雕像,但它们多是半成品。

石像的面部表情非常丰富,有的石像眼睛是专门用发亮的黑曜石或闪光的贝壳镶嵌上的,格外传神。个个额头狭长,鼻梁高挺,眼窝深凹,嘴巴噘翘,大耳垂肩,胳膊贴腹。所有石像都面向大海,神情冷漠,神态威严。远远望去,就像一队准备出征的武士,蔚为壮观。

## 石像建造之谜

这些石像是由公元400年左右来到岛上的人雕成的。一些石像已被毁坏或被推倒,大约在公元1680年,岛上的两个部落之间发生过一场战争。每个部落可能都推倒自己的石像,再去雕凿更大、更好的石像。

◆在海边伫立的巨像

世界神秘之地

"科学就在你身边"系列

**HAIYOU DUOSHAO
WEIZHI YU KENENG**

>>>>>>>>>>>>>>>>>>>>>> 还有多少未知与可能

◆巨像一起面朝天空整齐的排列

考古学家推断，最少每天要动用30个劳工，工作8小时，约用1年时间才雕凿出1个石像。不过，这还未计算搬运石像到海边的工程，估计需要90人，于两个月时间内可将石像搬运出来。最后，还要3个月才能将石像耸立起来。可是考古学家怎样也想不通的是人像头上的石帽子。石帽子是由西面的火山取材的。因为那里的火山岩石是砖红色的，非常特别。红帽子由该处雕好再运往海岸，怎样升起放在足有10米高人像的头上呢？

有关石像之谜，众说纷纭。有说是外星人的太空船搬运石像；也有的说是石像本身拥有神力，造好后会自己行去目的地。

世界神秘之地

 谜——无历史记忆？

◆晚霞中的巨石像

岛上居民对于这些石雕丝毫没有历史记忆，也不知石像是在刻谁，是纪念什么人？或是神呢？还是有"人"曾经教导过他们一些我们不曾知道的知识，而令他们难忘，感恩之余，雕刻这些石像，以兹纪念呢？

## 复活节岛的文明

要揭开这些环绕整座岛屿神秘石像的秘密很困难，虽有文字记载但目前仍没人能解读其中含义。不过从被推倒、摧毁的石像遗迹，考古学家解开了巨石像的秘密。

## 雄壮的诡秘之地——美洲

在文明全盛时期，复活节岛巨石像一度有 800 多座，但目前仅剩 150 座。而这些石像消失的原因，记录着拉帕努伊人对信仰神圣力量坚定执迷和走火入魔的过程。巨石像建造时间约于公元 1000 年前，当时的复活岛为一浓密棕榈森林覆盖的岛屿，岛上有三座死火山，火山岩质地软、重量轻，易于搬动雕刻，拉帕努伊人相信岩石可以象征他们神圣信仰的永恒不灭，因此利用火山岩在 600 年间完成 800 多座巨石像。

◆戴红帽的巨石像

拉帕努伊人将这些石像视为守护神，以保佑作物丰收及好运，因此每个部落都拥有自己的石像。

**万花筒**

复活节的日期很难确定，一般指的是在 3 月 21 日或该日后月圆以后第一个星期日。

## 复活节岛文明的悲剧

当美国科学家亨特首次踏上复活节岛，他和荷兰人雅可布·洛加文一样为四周的荒凉景象而感到震惊。岛上至今没有一棵树，地上的野草也稀稀落落，只有 3 个盛满雨水的小湖是淡水的唯一来源。那些建造了巨人石像的人怎么能在这种自然环境下生存呢？为了弄清这个曾经高度发达的文明消亡的原因，

◆未完成的雕像

## HAIYOU DUOSHAO WEIZHI YU KENENG
## 还有多少未知与可能

亨特在岛上度过了不止一个野外考察季节。

亨特把通过相关鉴定而得到的年代顺序去同原有的进行比较，并对其作出一些重要的修正。据亨特说，以前人在编制年表时有不少欠精确的地方，经他修正后，岛上开始住人的时间往前提了800年，而且岛上的文明史也比过去认为的时间短。加利福尼亚大学的学者卡尔·利波认为，复活节岛沦为波利西尼亚人殖民地的时间相当晚，大约在公元1200年。为证明自己的实力，也为了恐吓敌人，大家都争相建造石像。

### 广角镜——"拉帕努伊人为什么会死绝"？

◆巨石像的目光

但是，建巨人石像的结果是耗尽了自然资源。那时候随着人口增长，拉帕努伊人全盛时期曾高达七千人，巨石像的尺寸和数量也随之增加，有些石像体积甚至大到无法搬离采石场。不同于英国的巨石阵有无穷的森林木材足以移动巨石，复活节岛的棕榈林规模小，巨石像却庞大无比，最终树木被砍伐殆尽，生态系统完全摧毁，食物逐渐短缺，也无法建造船只离开，被困在岛上的拉帕努伊人，甚至相互残杀取食人肉，并将情绪发泄在巨石像上，巨石像一一被推倒，成为今日残存的遗迹，徒留后人凭吊。

当然，美国科学家提出的理论还需经科学界最后证实，还不能断定这是"拉帕努伊人为什么会死绝"这个问题唯一的正确答案。

# 苍凉的惊异之地
## ——非洲

非洲似乎有着一种神奇的力量——当我们在一点点地积累对部分非洲的了解时，探索未知非洲的心情也变得愈加迫切——因为这里的每一片土地、每一个民族都有着其不可复制的独特性，我们生恐错过"七彩非洲"的任何一个闪光点。

非洲大陆自然、原始的景观，热情、纯朴的民风，神秘、悠久的历史以及丰富、独特的动植物资源更令许多人心驰神往……现在就让我们开始漫步广袤的非洲大地，感受它的苍凉与雄壮吧。

# 香港的漂泊之地

——北岛

苍凉的惊异之地——非洲

## 沙漠中的艺术宝库
## ——撒哈拉沙漠岩石壁画

　　撒哈拉沙漠是世界上阳光最多的地方，也是世界上自然条件最为严酷的沙漠。作为世界上最大的沙漠，它几乎占满非洲北部全部。撒哈拉沙漠气候炎热干燥。然而，令人迷惑不懈的是：在这极端干旱缺水、土地龟裂、植物稀少的旷地，竟然曾经有过繁荣昌盛的远古文明。

　　沙漠上许多绮丽多姿的大型壁画，就是这远古文明的结晶。现在就让我们走进神秘的撒哈拉。

◆撒哈拉的日落

◆撒哈拉壁画

　　阿拉伯语"撒哈拉"意即"大荒漠"，位于阿特拉斯山脉和地中海以南，约北纬14°线以北，西起大西洋海岸，东到红海之滨。横贯非洲大陆北部，东西长达5600千米，南北宽约1600千米，面积约960万平方千米，约占非洲总面积32%。闻名于世的撒哈拉沙漠远古大型壁画，就位于撒哈

## 还有多少未知与可能

拉沙漠北纬30度区。今天人们不仅对这些壁画的绘制年代难于稽考，而且对壁画中那些奇形怪状的形象也茫然无知。于是，我们只好把它称为人类文明史上的一个不解之谜。

## 岩石壁画的发现

◆撒哈拉壁画局部

1850年，德国探险家巴尔斯来到撒哈拉沙漠进行考察，无意中发现岩壁中刻有鸵鸟、水牛以及各式各样的人物像。1933年，法国骑兵队来到撒哈拉沙漠，偶然在沙漠中部塔西利台、恩阿哲尔高原上发现了长达数千米的壁画群，全绘制在受水侵蚀而形成的岩壁上，五颜六色，雅致和谐，刻画出了远古人们生活的情景。

此后，欧美考古学家纷至沓来。1956年，亨利·罗特率领法国探险队在撒哈拉沙漠发现了1万件壁画。第二年，他将总面积约1078平方米的壁画复制品及照片带回巴黎，一时成为轰动世界的奇闻。

 谜——当时文明水平

从发掘出来的大量古文物看，距今约1万年至4000年前，撒哈拉不是沙漠，而是草木茂盛的大草原。当时有许多部落或民族生活在这块美丽的沃土上，创造了高度发达的文化。这种文化最主要的特征是磨光石器的广泛流行和陶器的制造，这是生产力发展的标志。在壁画中还有撒哈拉文字和提斐那古文字，说明当时的文化已发展到相当高的水平。

苍凉的惊异之地——非洲

## 壁画的内容与形式

壁画的表现形式或手法相当复杂，内容丰富多彩。从笔法来看，它们一般都比较粗犷朴实，所用的颜料是不同的岩石和泥土，例如红色的氧化铁、白色的高岭土、绿色或蓝色的贝岩等。壁画是用台地上的红岩磨成的粉末加上水作为颜料绘制而成的，由于颜料水分充分地渗入岩壁内，与岩壁的长久接触而引起了化学变化，两者最后融为一体。所以，经过几千年的风吹日晒，壁画颜色依然鲜艳夺目。

◆奇形怪状的砂岩小山

在壁画中有很多人是强壮的武士，表现出一种凛然不可侵犯的威武神态。他们有的手持长矛、圆盾，乘坐着战车似乎在迅猛飞驰。在其他壁画人像中，有些身缠腰布，头戴小帽；有些人不带武器，而像在敲击乐器；有些似作献物状，像是欢迎"天神"降临；有些人翩翩起舞。从画面上看，舞蹈、狩猎、祭祀和宗教信仰是当时人们生活和风俗习惯的重要内容。很可能当时人们喜欢在战斗、舞蹈和祭祀前后作画于岩壁上，借以表达他们对生活的热爱。

◆5000年前人类在撒哈拉沙漠刻在岩石上的岩画

壁画群中动物形象颇多，千姿百态，各具特色。动物受惊后四蹄腾空、势若飞行、到处狂奔的紧张场面，形象栩栩如生，创作技艺高超，可

## 还有多少未知与可能

◆1万年前的壁画上雕刻着类似宇航员的神祭

以与同时代的任何国家杰出的壁画艺术作品相媲美。从这些动物图像上可以推想出古代撒哈拉地区的自然面貌，例如一些壁画上有人划着独木舟捕猎河马，这说明撒哈拉曾有过水流不绝的江河。值得注意的是，壁画上的动物在出现时间上有先有后，从最古老的水牛到鸵鸟、大象、羚羊、长颈鹿等草原动物，说明撒哈拉地区的气候是逐渐变得干旱的。

## 壁画的由来

◆瑰丽的沙漠景色

那么，在今天极端干燥的撒哈拉沙漠中，为什么会出现如此丰富多彩的古代艺术品呢？有些学者认为，要解开这个谜，就必须立足于考察非洲远古气候的变化。据考证，距今约3000～4000年前，撒哈拉不是沙漠而是草原和湖泊。约6000多年前，曾是高温和多雨期，各种动植物在这里繁殖起来。只是到公元前200至公元300年左右，气候变异，昔日的大草原才终于变成沙漠。

 广角镜

　　沙漠按照每年的降雨量天数、降雨量总额可分为特干地区、干燥地区和半干地区。

世界神秘之地

·170·　　　　　　　　　　　　"科学就在你身边"系列

## 苍凉的惊异之地——非洲

是谁在什么年代创造出这些硕大无比、气势磅礴的壁画群？刻制巨画又为了什么？尤其令人不解的是，在恩阿哲尔高原丁塔塞里夫特曾发现一幅壁画，画中人都戴着奇特的头盔，其外形很像现代宇航员头盔。为什么头上要罩个圆圆的头盔？这些画中人为什么穿着那么厚重笨拙的服饰？

说来也巧，美国宇航局对日本陶古的研究结果，竟然意外地披露了一点撒哈拉壁画的天机。日本陶古，是在日本发现的一种陶制小人雕像。"陶古"是蒙古服的意思。这些陶古曾被许多历史学家认定为

◆手上拿着弓箭的男子携狗驱赶牛群

古代日本妇女的雕像。可是经过美国宇航局科研人员鉴定，认为这些陶古是一些穿着宇航服的宇航员。这些宇航服不但有呼吸过滤器，而且有由于充气而膨胀起来的裤子。

科学工作者的这个鉴定结果，除了来自于他们对陶古的认真研究以外，还有一段神话传说可以作为有力的佐证，这就是日本古代奇妙的关于"天子降临"的传说。有趣的是，恰恰在这个传说出现了100年以后，日本有了陶古。人们有理由认为，传说中的"天子"，也许正是从地球外太空远道而来的客人，而陶古恰恰是古代日本人民对于这位从天而降的"天子"——宇航员的肖像雕塑。

假若日本陶古真的是宇航员，那么，撒哈拉壁画中那些十分相似的服饰，为什么不能是天外来客的另一遗迹呢！

### 知识库——撒哈拉沙漠成因

北非位于北回归线两侧，常年受副热带高气压带控制，盛行干热的下沉气

## HAIYOU DUOSHAO WEIZHI YU KENENG
### 还有多少未知与可能

流，且非洲大陆南窄北宽，受副热带高压带控制的范围大，干热面积广。北非与亚洲大陆紧邻，东北信风从东部陆地吹来，不易形成降水，使北非更加干燥。

### 广角镜——神迹的未解之谜

◆壮美撒哈拉

我们是无神论者，我们的国际歌中也写着"没有神仙和皇帝"。然而，上述的种种证据证明撒哈拉沙漠壁画不是人为的，可能是我们地球人目前难于测知的实体所留下的。我们把超于人力的一切称之为神，那是因为我们认为外太空的生命有可能曾经在我们地球上留驻过，正像我们在月亮和火星上曾留下地球人的标志一样。这两者的区别，仅在于月球和火星上没有能够识别地球标志的生命而已。如果真有太空人的话，我们愿意把太空生命留下的痕迹称之为神迹，那是因为这些痕迹给我们提供了许多值得研究的课题，给人类留下难解之谜。

世界神秘之地

苍凉的惊异之地——非洲

SHIJIE
SHENMI ZHI DI

## 气势雄伟的坟墓
## ——"方锥体"胡夫金字塔

一提到埃及，人们首先想到的就是金字塔，因为金字塔那么辉煌那么庞大的一个建筑，有些角度又是那么符合理性，这个确实是吸引着无数人对它着迷。每当金字塔发生一点小的新闻，都会成为全球所有人们议论的焦点和中心。为什么

◆金字塔前的狮身人面像

会这样呢？就是因为金字塔太古老、太神秘。

这个神秘激起了人们对它强烈的好奇心。现在让我们一起感受金字塔的神秘吧。

埃及是世界上历史最悠久的文明古国之一。金字塔是古埃及文明的代表作，是埃及国家的象征，是埃及人民的骄傲。

金字塔，阿拉伯文意为"方锥体"，它是一种方底尖顶的石砌建筑物，是古代埃及埋葬国王、王后或王

◆金字塔内的密道

世界神秘之地

### HAIYOU DUOSHAO WEIZHI YU KENENG
### 还有多少未知与可能

室其他成员的陵墓。它既不是金子做的，也不是我们通常所见的宝塔形。由于它规模宏大，从四面看都呈等腰三角形，很像汉语中的"金"字，故中文形象地把它译为"金字塔"。

## 世界七大奇迹之首

◆金字塔空中俯瞰

埃及迄今发现的金字塔共约100座，其中最大的是以高耸巍峨而居古代世界七大奇迹之首的吉萨金字塔中的胡夫大金字塔。在1889年巴黎埃菲尔铁塔落成前的四千多年的漫长岁月中，胡夫大金字塔一直是世界上最高的建筑物。

胡夫金字塔塔高146.5米，因年久风化，顶端剥落10米，现高136.5米。塔身是用230万块石料堆砌而成，大小不等的石料重达1.5吨至160吨，塔的总重量约为684万吨，它的规模是埃及迄今发现的金字塔中最大的。它是一座几乎实心的巨石体，成群结队的人将这些大石块沿着地面斜坡往上拖运，然后在金字塔周围以一种脚手架的方式层层堆砌。这是10万人共用了30年的时间才完成的人类奇迹。

**小知识**

**胡夫金字塔**

胡夫金字塔建于埃及第四王朝第二位法老胡夫统治时期（约公元前2670年），被认为是胡夫为自己修建的陵墓。在古埃及，每位法老从登基之日起即着手为自己修筑陵墓，以求死后超度为神。金字塔一方面体现了古埃及人民的智慧与创造力，另一方面也成为法老专制统治的见证。

世界神秘之地

苍凉的惊异之地——非洲

## 金字塔如何建造

在四千多年前生产工具很落后的中古时代,埃及人是怎样采集、搬运数量如此之多,每块又如此之重的巨石垒成如此宏伟的大金字塔,真是十分难解的谜。

胡夫金字塔位于埃及首都开罗西南约10千米的吉萨高地,被喻为"世界古代七大奇迹"之一。在埃及境内已发现的金字塔中,吉萨高地的祖孙三代金字塔——胡夫金字塔、海夫拉金字塔和门卡乌拉金字塔是最古老的金字塔也被称为吉萨金字塔

英国《伦敦观察家报》有一位编辑名叫约翰·泰勒,是天文学和数学的业余爱好者。他曾根据文献资料中提供的数据对大金字塔进行了研究。经过计算,他发现胡夫大金字塔令人难以置信地包含着许多数学上的原理。

◆两座静静耸立的雕像

◆雄壮的金字塔

他首先注意到胡夫大金字塔底角不是60°而是51°51′,从而发现每壁三角形的面积等于其高度的平方。另外,塔高与塔基周长的比就是地球半径与周长之比。因而,用塔高来除底边的2倍,即可求得圆周率。泰勒认为这个比例绝不是偶然的,它证明了古埃及人已经知道地球是圆形的,还知道地球半径与周长之比。

泰勒还借助文献资料中的数据,研究古埃及人建金字塔时使用何种长度单位。他猜测英制长度单位与古埃及人使用的长度单位是否有一定关系?

## HAIYOU DUOSHAO WEIZHI YU KENENG
### 还有多少未知与可能

世界神秘之地

◆胡夫金字塔

◆埃及的建筑

泰勒的观点受到了英国数学家查尔斯·皮奇·史密斯教授的支持。1864年史密斯实地考查胡夫大金字塔后声称他发现了大金字塔更多的数学上的奥秘。例如，塔高乘以10亿就等于地球与太阳之间的距离，大金字塔不仅包含着长度的单位，还包含着计算时间的单位：塔基的周长按照某种单位计算的数据恰为一年的天数，等等。史密斯的这次实地考察受到了英国皇家学会的赞扬，被授予了学会的金质奖章。

后来，另一位英国人费伦德齐·彼特里带着他父亲用20年心血精心改进的测量仪器又对着大金字塔进行了测绘。在测绘中，他惊奇地发现，大金字塔在线条、角度等方面的误差几乎等于零，在107米的长度中，偏差不到0.6厘米。

这座金字塔规模巨大，气势雄伟，令人叹为观止。大金字塔到底凝结着古埃及人多少知识和智慧，至今仍然是远没有完全解开的谜。

大金字塔之谜不断吸引着成千上万的热心人在探索。

 广角镜

把肉、蛋和鲜奶等食品长时间贮存于金字塔内，没有腐烂、变质现象，其保鲜度胜过现代的电冰箱。

苍凉的惊异之地——非洲

## 胡夫金字塔各种奇谈

由于缺乏史料记载，有关金字塔的许多疑团很长时间以来一直难以解释，探索和研究金字塔还在继续向着广度和深度开展。关于金字塔的各种议论五花八门，其中既有科学的考证，大胆的推测，又有神奇的假设，想入非非的臆测，更有一些庸人、巫师提出种种扑朔迷离、荒诞不经的说法，妄图把人们

◆金字塔的落日

引入迷魂阵中，不知不觉地要把人们变成宗教迷信宣传的俘虏。

下面介绍一些怪论供参考。这些说法的共同特点是否认金字塔是古埃及人建造的，否认它是国王的陵墓，而是把它与神和上帝联在一起，给它抹上一层神秘的色彩。

**点击——埃及象形文字的主要特征**

埃及象形文字的符号分为三类：第一类是表意符，这些符号的意思就是它所画的东西；第二类是表音符，这一些符号所画的具有语音上的价值，遵循的是画谜的原则；最后一类符号称为限定符，它们不发音，而是表示它们前面的这个词属于哪一类词。

**说法一**：有人认为：在那遥远的年代，古埃及人怎么能达到如此高的科技水平？这些"超级知识"从何而来？为什么没有被继承下来？胡夫大金字塔不是古埃及人造的，而是外星人建造的。他们建造完后返回外星。比地球上文明更先进的"外星球文明"一直同人类保持着联系。

**说法二**：还有人认为：胡夫金字塔是由失足了的亚特兰蒂斯岛先民所

## HAIYOU DUOSHAO WEIZHI YU KENENG
### 还有多少未知与可能

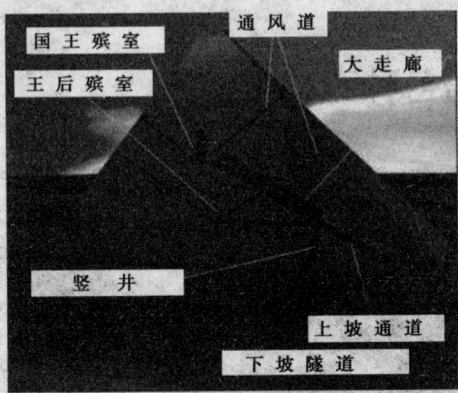

▲金字塔内结果分析图

▲金字塔形成解析图

世界神秘之地

造。据说，这个岛屿位于大西洋直布罗陀海峡以西，在公元前10000年曾创造过辉煌的文明。后来在"悲惨的一昼夜"，该岛突然沉于海底。该岛的科学家们提前撤离，一部分人带着科技资料在埃及建立了科学中心，并参照该岛庙宇建造了胡夫金字塔，把他们的全部科学知识隐藏于塔的内部结构中。

**说法三**：再有人认为：居住在非洲阿特拉斯山中麓一个柏伯尔部落建造了胡夫金字塔。据说，古代撒哈拉土地肥沃，物产丰富，居住着一些部落，后来土地逐渐沙漠化，部落东迁至尼罗河河谷，酋长成了埃及国王。他们动用部落的法术，建造了金字塔。尔后，他们掐指一算，认为人类将蒙受一段黑暗的时期，于是各部落立即疏散到世界各地，其中有一支转移到阿特拉斯山。

 **点击——古埃及绘画的重要特征**

古埃及绘画中人像的比例取决于他们的等级关系，而不是他们的实际大小；没有透视法，比如水平的水池被画得如同竖起来一般，垂直于一边。古埃及绘画不单纯是艺术，它也是古埃及人记录历史，祈求重生的代码。

**说法四**：还有人认为：胡夫金字塔不是陵墓，而是外星人到地球上来的一个降落地点，是天神下界的停留站；是人类历史上第一座秘密庙宇，一个仓库储藏着开天辟地以来直到世界末日的历史上的重要文献；是天文苍凉的惊异之地——非洲

台,用以观察苍穹,了解星辰的运行,占卜未来;是多功能的计量器,可用于测绘土地,可计算时间,确定一年约有365.2422天。

说法五:还有人说,胡夫在金字塔内的真正殡宫尚未发现,吉萨三座金字塔的下面有一座完整的地下城市,街道纵横,连通着地面上所有的金字塔,地下城门只有一种特殊的声音才能将它唤开,一旦城门开启和胡夫殡宫出现,惊人之迹将展现在人们的面前……

## 神秘的咒语

虽然胡夫的金字塔被广泛地认同其是法老的陵墓,但因为至今也没有在里面找到胡夫法老(又称基奥普斯国王)的遗体,这使得人们对这座伟大的建筑物的具体用途产生了怀疑,于是各种猜测一时间不绝于耳。

这座巨大的金字塔是人类建筑史上的伟大奇迹,这一点是毋庸置疑的。无论是从技术上还是艺术上,它在技术上展示了复杂的美,艺术上则是简单的美。如今,七大奇观中只有为首的金字塔经受住了岁月千年的考验留存下来。难怪埃及有句谚语说:"人类惧怕时间,而时间惧怕金字塔。"胡夫金字塔的神奇还不止于它的宏伟壮大,更离奇的是胡夫留下的咒语"不论谁打扰了法老的安宁,死神之翼将降临在他头上",至今仍在考验着科学家们的智慧。

◆埃及法老塑像

## 法老的三个墓室

据了解,胡夫金字塔内目前包含着三个已知房间。"国王室"(其中的

## 还有多少未知与可能

两根管道不是通风管,一根指向猎户星座,另一根指向北斗星)里面有一具巨大的花岗岩石棺,人们认为它正是胡夫木乃伊的葬身之处。不过事实上,如今里面空空如也。在"国王室"底下,有一个略小的墓室,它被称作"王后室",尽管科学家倾向于认为它并不是给王后安排的。此外,在金字塔地底下还有一间从没使用过的小地下室。

日前,两名法国业余埃及学考古学家多米恩和弗德赫特在经过多年的现场考察后,提出了一个石破天惊的新见解:在胡夫金字塔内"王后室"下面,还有另外一个至今不为人知的"神秘墓室",该秘密墓室可能正是胡夫法老的最终葬身之所!如今,他们已经通过地面穿透雷达,探测到了通往该秘室的一条秘密走廊!

胡夫真的为自己造了三个墓室?

  广角镜——

穿越大金字塔(指最大的胡夫金字塔)的子午线,恰好把地球的陆地和海洋分成相等的两部分。

苍凉的惊异之地——非洲

## 穿越时空的诅咒
### ——图坦卡蒙陵墓

◆图特卡蒙的金面具成为古埃及文明的象征

◆墓室内的雕刻

古埃及是一个对来世和死后复活深信不疑的文明。为此他们发展出了一整套独特的丧葬习俗。作为人世间至高无上的统治者，法老王享有其中最好的待遇。古埃及人同时也认为，法老在死后也将会面临比凡人更大的挑战。因为，假如他能够借助魔法的力量，成功穿越地府十二道黑夜之门、以及所有恶灵

◆卡特在察看国王的石棺

的阻挡，最后顺利地成为诸神中一员的话，他将能为他留在人世的子民们带来平安和幸运。

神秘的埃及，梦一般的魔咒，现在让我们一起去感受古埃及法老带给我们的震撼与惊恐吧。

## HAIYOU DUOSHAO WEIZHI YU KENENG
### 还有多少未知与可能

◆法老木乃伊的发现

◆精美的墓室雕刻

世界神秘之地

埃及国王为了防止死后被别人盗墓，特意在古代埃及首都底比斯的所在地，距今开罗市西约100多千米的一个人迹罕至的山谷里挖凿洞穴，营造陵墓。许多帝王死后都埋在这条山谷里，这里成了国王的坟场，被称为"帝王之谷"。

驰名世界的"帝王之谷"，是考古学家们的乐园。自从埃及第十八王朝法老图特摩斯一世在这里建造了第一个隐蔽的地下墓室后，他的后继者们竞相仿效，经历了约五个世纪的漫长岁月，共修建了30多座法老的陵墓。

## 埃及新王国社会的缩影

帝王谷的古陵，由于殉葬品丰厚，历史年代久远，一直是盗墓贼们觊觎的目标。到了本世纪初，那些古陵几乎没有一处未被骚扰、劫掠。然而，"帝王之谷"内却有一座陵墓保存得非常完好，为后人保存下了5000多件珍贵的文物。这座陵墓的主人，就是距今3000多年前古埃及第十八王朝的法老图坦卡蒙。

撩开它的面纱，使人们大开眼界。它不仅使人们看到了3200年前新王国时期法老的葬制、礼仪以及法老本人的形貌、服饰、日常生活用品、珍贵的艺术品、车马武器等，还真实地反映了3200年前新王国时期的社会经济、政治思想、宗教文化、科学技术等多方面的情况。一些考古学家激动地把图坦卡蒙的陵墓称誉为"埃及新王国社会的缩影"，应该是毫无夸张

苍凉的惊异之地——非洲

之嫌的。

## 陵墓的挖掘

19世纪末、20世纪初,"帝王之谷"涌进了大量的不速之客,他们中既有为科学而献身的考古学家,也有心怀叵测的"旅行家","帝王之谷"遭到了空前的浩劫。很多陵墓被胡乱挖开了,大量的珍宝不翼而飞。就在这时,考古学家霍华德·卡特也来到了埃及。

卡特将被挖掘的王陵的主人的名字同埃及古文献进行对照研究后,断定还有一位早逝的法老图坦卡蒙的陵墓埋藏在谷内,不为人们所知。卡特在一位英国富翁的资助下,制定了庞大的科学的发掘计划,然而又因为第一次世界大战的爆发而被迫搁置起来。直至战后,他的计划才得以实施。然而,浩繁的工程,巨大的耗资,在1917~1921年的两次挖掘又都一无所获,使卡特的资助人几乎丧失了信心。就在这事关成败的关键时刻,一个振奋人心的消息传来,经科学鉴定:1907年发掘出土的某些器物是制作图

◆电脑扫描还原的古埃及法老图坦卡蒙形象

◆木乃伊现身

## HAIYOU DUOSHAO WEIZHI YU KENENG
### 还有多少未知与可能

坦卡蒙木乃伊大典时使用过的礼器。这说明图坦卡蒙的陵墓已经近在咫尺了。

这一科学的推断，无疑给卡特的资助人注射了一支兴奋剂，决定继续他的投资，才避免了挖掘工作的中途夭折。挖掘终于成功了。古老而神秘的图坦卡蒙陵墓得以重见天日。这消息震动了世界，在考古和历史学界产生了深远的影响。

广角镜——

木乃伊的原意是沥青，指一种干枯不腐烂的尸体。全世界以在埃及发现的木乃伊数量最多。

## 法老的诅咒

◆霍华德·卡特在墓穴中工作

图坦卡蒙陵墓的发现，无疑是20世纪最为激动人心的考古大发现。这一发现引起巨大的轰动以后，关于"法老的诅咒"也随之出现。而这个令人毛骨悚然的话题，同那些保存最为丰富和完好的陪葬品，以及所谓扑朔迷离的谋杀案一道，成为令图坦卡蒙这一名字广为世人熟知的重要因素。对大部分图坦卡蒙陵墓的发掘者而言，"法老的诅咒"是笼罩在头顶上挥之不去的噩梦。从进入坟墓的那一刻开始，在其后的一段时间里，他们一个接一个地死去。这些充满神秘色彩的事件，与图坦卡蒙陵墓中所刻着的咒语联系起来，经过媒体的大

苍凉的惊异之地——非洲

肆报道，引来了无数人的议论，一时间，"法老的诅咒"轰动世界。

据说，当1922年11月27日，即卡特的挖掘工作抵达了陵墓的前厅那天，在两座高大的雕像的背后悬有一块陶土铭牌，上面用古埃及的楔形文字写着一个警告："我是图坦卡蒙国王的护卫者，我用沙漠之火驱逐盗墓贼。"当时大家都没有把这句诅咒放在心上。

当图坦卡蒙的椁室在1923年2月被开启后，人们又在椁室的上方发现了另一块铭牌。几天后碑记的内容被翻译出来，那是第二条令人恐惧的诅咒："谁扰乱了法老的安眠，死神将张开翅膀降临他的头上。"

为了不引起大家的恐慌，卡特当时没有将文字翻译的结果公布出来。但在此后的清理发掘中，卡特和其他专家又发现了两条诅咒，警告不敬的人放弃开掘这座陵墓。卡特仍然毫不在意。

◆图坦卡蒙金面罩

◆图坦卡蒙墓的壁画

然而，就在开启图坦卡蒙椁室的那天，当那辉煌的"金墙"展现在众人面前的那天，一只毒蚊在卡纳凡勋爵的脸上叮了一口。此后，卡纳凡便患了坏血症。他发起了高烧，牙齿也陆续脱落，看上去他似乎极为疲惫，又似乎遭受了某种惊吓，他的精神和身体变得非常糟糕。3月初，卡纳凡搬到开罗，但他的脖子开始肿胀，并发肺炎。他的妻子从英国赶到开罗，儿子也从印度赶来了。3月下旬，卡纳凡的高烧直升到40度，而且持续了12天。据医生说，是勋爵在刮胡子时割破了一个伤口造成感染。3月20日，卡纳凡的妻子通知卡特，卡纳凡患了坏血症，于是卡特也赶到了开罗。4月4日凌晨2点时分，已持续昏迷了10多个小时的卡纳凡去世了。

## 还有多少未知与可能

就在那一刻,整个开罗突然间陷入黑暗,持续断电达5分钟。另据报道说,他远在英国的爱犬也于同一时间死去了。不可思议的是,在临死之前,卡纳凡发着高烧连声叫嚷:"我听见了他呼唤的声音,我要随他而去了。"

### 轶闻趣事——法老的诅咒

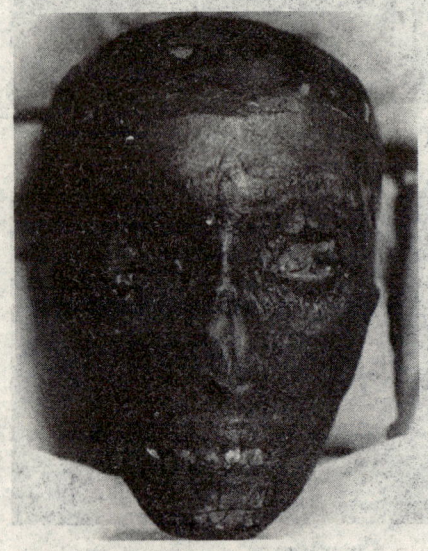

◆埃及法老图坦卡蒙露出真容

"卡纳凡勋爵成为被法老诅咒索命的第一人。"日益发达的报纸随即刊发了这样的新闻。大多数报纸在头版位置用醒目的标题这样写道:"法老们开始复仇了!"并引用上面提到的两条咒语,言之凿凿地声称:考古学家卡特打开图坦卡蒙的坟墓后,释放出了一个法老的诅咒。

从此以后,法老的诅咒就不胫而走。在其后的数年间,有数十位跟图坦卡蒙扯上了关系的人,先后猝然死去。其中有发掘者,还有参观者以及研究人员。

在卡纳凡勋爵死后不久,他的老朋友、美国铁路业巨头乔治·杰戈德走进了图坦卡蒙的陵墓,仔细地参观了一遍。但第二天杰戈德便无缘无故地发起了高烧,并且就在当天夜里猝死。

同样在1929年,最早的受害者卡纳凡勋爵的妻子阿尔米娜夫人也死去了。据说,她也是被一只毒蚊叮咬后死去的,整个过程,甚至毒蚊叮咬的部位也在左脸颊,与6年前死去的丈夫一模一样。

苍凉的惊异之地——非洲

## 永不磨灭的光芒
## ——亚历山大灯塔

你知道吗？埃及拥有世界公认的古代七大奇观中的两个，一个是大家熟知的名列七大奇迹之首的吉萨金字塔，另一个就是名列第七位的亚历山大灯塔。它不带有任何宗教色彩，纯粹为人民实际生活而建，亚历山大灯塔的烛光在晚上照耀着整个亚历山大港，保护着海上的船只。

亚历山大灯塔的遗址在埃及亚历山大城边的法洛斯岛上。公元前330年，不可一世的马其顿国王亚历山大大帝攻占了埃及，并在尼罗河三角洲西北端即地中海南岸，建立了一座以他名字命名的城市。这是一座战略地位十分重要的城市，在以后的100年间，它成了埃及的首都，是世界上最繁华的城市之一，而且也是整个地中海世界和中东地区最大最重要的一个国际转运港。

◆现代人建造的亚历山大灯塔模型

### 无与伦比的灯塔

亚历山大灯塔高120米，加上塔基，整个高度约135米。塔楼由三层组成：第一层是方形结构，高60米，里面有300多个大小不等的房间，用来作燃料库、机房和工作人员的寝室；第二层是八角形结构，高15米；第

## HAIYOU DUOSHAO WEIZHI YU KENENG
## 还有多少未知与可能

▲ 画家笔下的灯塔

▲ 公园里的灯塔景观

世界神秘之地

三层是圆形结构，上面用8米高的8根石柱围绕在圆顶灯楼。灯楼上面，耸立着8米高的太阳神赫利俄斯站立姿态的青铜雕像。整座灯塔都是用花岗石和铜等材料建筑而成，灯的燃料是橄榄油和木材。整个灯塔的面积约930平方米。聪明的设计师还采用反光的原理，用镜子把灯光反射到更远的海面上。这座无与伦比的灯塔，夜夜灯火通明，兢兢业业地为入港船只导航，它给舵手带来了一种安全感。

## 坎坷的历史

公元前280年秋天的一个夜晚，月黑风高，一艘埃及的皇家喜船在驶入亚历山大港时触礁沉没了，船上的皇亲国戚及从欧洲娶来的新娘全部葬身鱼腹。这一悲剧，震惊了埃及朝野上下。埃及国王托勒密二世下令在最大港口的入口处，修建导航灯塔。经过40年的努力，一座雄伟壮观的灯塔竖立在法洛斯岛的东端。它立于距岛岸7米处的石礁上，人们将它称为"亚历山大法洛斯灯塔"。

当亚历山大灯塔建成后，它以120米的高度当之无愧地成为当时世界上最高的建筑物。他的设计者是希腊的建筑师索斯查图斯。1500年来，亚历山大灯塔一直在黑夜中为水手们指引进港的路线。一位阿拉伯旅行家在他的笔记中这样记载着："灯塔建筑在三层台阶之上，在它的顶端，白天用一面镜子反射日光，晚上用火光引导船只。"

公元14世纪，亚历山大城发生了一场罕见的大地震，摇晃的大地以巨大

## 苍凉的惊异之地——非洲

SHIJIE SHENMI ZHI DI

◆亚历山大港美丽风光

的力量摧毁了这座古代世界的建筑奇迹。亚历山大城的忠诚卫士,这顶亚历山大城的王冠就这样消失了。又过了一个世纪,埃及国王玛姆路克苏丹为了抵抗外来侵略,保卫埃及及其海岸线,下令在灯塔原址上修建了一座城堡,并以他本人的名字命名。埃及独立之后,城堡改成了航海博物馆。1996年11月,一组潜水员在地中海深处发现了据说是亚历山大灯塔的遗留物。

**小知识**

### 世界著名灯塔

埃及的亚历山大灯塔

日本的江岛(enoshima)灯塔

西班牙的海克力士(torre de hercules)灯塔

巴布亚新几内亚的马丹(madang)灯塔

美国的鸽点(pigeon point)灯塔

土耳其的处女(kiz kulezi)灯塔

泰国的蓬贴海岬(promthep cape)灯塔

美国的沙利文岛(sullivan's island)灯塔

HAIYOU DUOSHAO
WEIZHI YU KENENG
还有多少未知与可能

## 航海博物馆

◆壮观的灯塔

尽管现在那里灯塔已荡然无存，但每年仍有成千上万的国际旅游者前去观光。如今法罗斯岛已经同市区相连，因此汽车经过城西的渔港，可直接开到博物馆门口。城堡是一座典型的阿拉伯建筑，它的总体成四方形，但每个角都有一个圆柱形的炮楼，造型上既整体统一，又有多样变化。

城堡正门的广场上陈列着一些古老的兵器，其中有19世纪点火发射的大炮。它使人想起1882年7月11日在这座城堡里发生的一场战斗，当时英国舰队入侵亚历山大，埃及军队进行了英勇的抵抗。

博物馆大厅左右两侧的大玻璃展览窗内各陈列着一艘古船模型。左为距今三四千年前法老时代的尼罗河船，它的外形很像中国龙舟，船身狭长，备有十多把木浆，头尾刻有荷花和纸莎草浮雕图案；右为公元六七世纪伊斯兰时代的帆船，船上的风帆可以灵活转向，这两个船模证明了埃及人民自古就掌握了航运技术。

一楼的展品介绍了埃及上古时代（公元前3200～前332年）的航海成就和当时著名的海战。那里好几幅从法老墓内发现的有关造船、打鱼、海战的壁画给参观者留下了难忘的印象。如至少有4500年历史的古都孟菲斯法老金字塔内的捕鱼图，逼真地描绘了当时船舶的结构及规模，那时船上可乘十多个人，并有竹篙。

一楼展品中最引人注目的是一个表现埃及海船围绕非洲远航的沙盘。它告诉观众，在公元前664至前525年埃及第26王朝时代，当时的法老曾

世界神秘之地

## 苍凉的惊异之地——非洲

派遣以"涅克哈"号为首的船队探索非洲海岸线。它们从红海苏伊士附近出发，绕过好望角，经过直布罗陀海峡进入地中海，最后到达亚历山大，历时3年。过去只知道航海史上最早绕过好望角是在1497年，亚历山大航海博物馆提供的这一史料，使人耳目一新。

博物馆二楼展出的是埃及公元前3世纪"希腊时期"直至当代的航海和海军历史。楼梯口拐角处布置着法海斯古灯塔的复原模型。模型展现了2000多年前亚历山大港的繁荣景象：海湾中百舸争流，帆墙如云；在高耸云霄的灯塔导航下，一艘希腊式的海船正鼓帆进港。

◆亚历山大大帝石像

世界神秘之地

HAIYOU DUOSHAO
WEIZHI YU KENENG
还有多少未知与可能

# 地球表皮上的大伤痕
## ——东非大裂谷

当乘飞机越过浩瀚的印度洋，进入东非大陆的赤道上空时，从机窗向下俯视，地面上有一条硕大无比的"刀痕"呈现在眼前，顿时让人产生一种惊异而神奇的感觉，这就是著名的"东非大裂谷"。

漫步裂谷，一起感受大自然鬼斧神工的魅力吧。

世界神秘之地

◆裂谷空中俯瞰

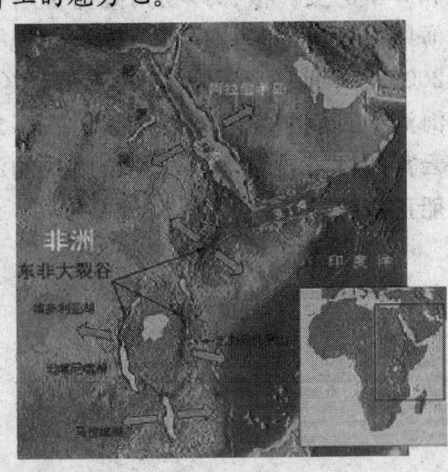
◆裂谷板块运动示意图

东非大裂谷是世界大陆上最大的断裂带，这条长度相当于地球周长六分之一的大裂谷，气势宏伟，是世界上最大的裂谷带，有人形象地将其称为"地球表皮上的一条大伤痕"，古往今来不知迷住了多少人。

## 大裂谷形成原因

据地质学家们考察研究认为，大约3000万年以前，由于强烈的地壳断

## 苍凉的惊异之地——非洲

裂运动，使得同阿拉伯古陆块相分离的大陆漂移运动而形成这个裂谷。那时候，这一地区的地壳处在大运动时期，整个区域出现抬升现象，地壳下面的地幔物质上升分流，产生巨大的张力，正是在这种张力的作用之下，地壳发生大断裂，从而形成裂谷。由于抬升运动不断地进行，地壳的断裂不断产生，地下熔岩不断地涌出，渐渐形成了高大的熔岩高原。高原上的火山则变成众多的山峰，而断裂的下陷地带则成为大裂谷的谷底。

东非大裂谷下陷开始于渐新世，主要断裂运动发生在中新世，大幅度错动时期从上新世一直延续到第四纪。北段形成红海，使阿拉伯半岛与非洲大陆分离；马达加斯加岛在几条活动裂谷扩张作用下，也与非洲大陆分裂开。

**广角镜——**

地质年代第三纪是新生代的最老的一个纪。它包括古新世、始新世、渐新世、中新世、上新世。

## 裂谷东西两支

这条裂谷带位于非洲东部，南起赞比西河口一带，向北经希雷河谷至马拉维湖（尼亚萨湖）北部分为东西两支。

东支裂谷带：是主裂谷，沿维多利亚湖东侧，向北经坦桑尼亚、肯尼亚中部，穿过埃塞俄比亚高原入红海，再由红海向西北方向延伸抵约旦谷地，全长近6000千米。这里的裂谷带宽约几十至200千米，谷底大多比较平坦。裂谷两侧是陡

◆谷底风光

## HAIYOU DUOSHAO WEIZHI YU KENENG
### 还有多少未知与可能

◆裂谷峭壁

◆裂谷湖泊

◆裂谷火山

峭的断崖，谷底与断崖顶部的高差从几百米到2000米不等。

西支裂谷带：大致沿维多利亚湖西侧由南向北穿过坦噶尼喀湖、基伍湖等一串湖泊，向北逐渐消失，规模比较小，全长1700多千米。东非裂谷带两侧的高原上分布有众多的火山，如乞力马扎罗山、肯尼亚山、尼拉贡戈火山等，谷底则有呈串珠状的湖泊约30多个。这些湖泊多狭长水深，其中坦噶尼喀湖南北长670千米，东西宽40～80千米，是世界上最狭长的湖泊，平均水深达1130米，仅次于北亚的贝加尔湖，为世界第二深湖。

## 文明最古老的起源

东非大裂谷是人类文明最古老的发源地之一，20世纪50年代末期，在东非大裂谷东支的西侧、坦桑尼亚北部的奥杜韦谷地，发现了一个史前人的头骨化石，据测定分析，生存年代距今足有200万年，这具头骨化石被命名东非勇士即"东非人"。1972年，在裂谷北段的图尔卡纳湖畔，发掘出一

## 苍凉的惊异之地——非洲

个生存年代已经有 290 万年的头骨,其结构与现代人十分近似,被认为是已经完成从猿到人过渡阶段的典型的"能人"。1975 年,在坦桑尼亚与肯尼亚交界处的裂谷地带,发现了距今已经有 350 万年的"能人"遗骨,并在硬化的火山灰烬层中发现了一段延续 22 米的"能人"足印。这说明,早在 350 万年以前,大裂谷地区已经出现能够直立行走的人,属于人类最早的成员。

◆谷底美景

东非大裂谷地区的这一系列考古发现证明,昔日被西方殖民主义者说成的"野蛮、贫穷、落后的非洲",实际上是人类文明的摇篮之一,是一块拥有光辉灿烂古代文明的土地。

在人类起源的问题上,有两个概念:人的起源和智人(晚期智人即现代人)的起源。从目前的化石资料来看,对于人类的共同祖先约 700 万年前至 500 万年前起源于非洲的观点,学术界并无太大争议。对于智人的起源,学术界则存在两种假说。很多科学家支持"非洲起源说",即目前生活在世界各地的现代人类的祖先在大约 20 万年前起源于非洲,然后在距今 10 万年以内离开非洲,向亚洲和欧洲扩散。还有少数科学家支持"多地区进化说",认为各大洲人种是由当地的早期人类连续进化而来,即现代人是在欧亚非各自起源。

## 还有多少未知与可能

**万花筒**

### 乞力马扎罗山

乞力马扎罗山位于坦桑尼亚东北部，邻近肯尼亚。它由地下熔岩强烈涌动堆积的三个圆锥形火山丘组成。主峰基博峰（"乌呼鲁峰"）高5963米，是非洲最高山峰，素有"非洲屋脊"之称。山峰雪线在海拔5000米左右，峰顶有一个直径2400米、深200米的火山口。口内冰雪覆盖，宛如巨大的玉盆。由于靠近赤道，气候炎热时，山麓的气温有时高达59℃，而峰顶的气温又常在零下34℃。

## 地球的伤痕

世界神秘之地

◆裂谷草原

在肯尼亚境内，裂谷的轮廓非常清晰，它纵贯南北，将这个国家劈为两半，恰好与横穿全国的赤道相交叉，因此肯尼亚获得了一个十分有趣的称号："东非十字架"。裂谷两侧，断壁悬崖，山峦起伏，犹如高耸的两垛墙，首都内罗毕就座落在裂谷南端的东"墙"上方。登上悬崖，放眼望去，只见裂谷底部松柏叠翠、深不可测，那一座座死火山就像抛掷在沟壑中的弹丸，串串湖泊宛如闪闪发光的宝石。裂谷东侧的肯尼亚山，海拔5199米，是非洲第二高峰。

东非大裂谷还是一座巨型天然蓄水池，非洲大部分湖泊都集中在这里，大大小小约有30来个，例如阿贝湖、沙拉湖、图尔卡纳湖、马加迪湖、马拉维湖、坦噶尼喀湖等。这些湖泊呈长条状展开，顺裂谷带成串珠状，成为东非高原上的一大美景。

## 苍凉的惊异之地——非洲

◆漂亮的火烈鸟

◆东非大裂谷的野生物种

这些裂谷带的湖泊，水色湛蓝，辽阔浩荡，千变万化，不仅是旅游观光的胜地，而且湖区水量丰富，湖滨土地肥沃，植被茂盛，野生动物众多，大象、河马、非洲狮、犀牛、羚羊、狐狼、红鹤、秃鹫等都在这里栖息。坦桑尼亚、肯尼亚等国政府，已将这些地方辟为野生动物园或者野生动物自然保护区，比如位于肯尼亚峡谷省省会纳库鲁近郊的纳库鲁湖，是一个鸟类资源丰富的湖泊，共有鸟类 400 多种，是肯尼亚重点保护的国家公园。在这里生活的众多鸟类之中，有一种名叫弗拉明哥的鸟，被称为世界上最漂亮的鸟。一般情况下，有 5 万多只火烈鸟聚集在湖区，最多时可达到 15 万多只。当成千上万只鸟儿在湖面上飞翔或者在湖畔栖息时，远远望去，一片红霞，十分好看。

### 世外桃源，还是人间仙境？

有许多人在没有见到东非大裂谷之前，凭他们的想象认为，那里一定是一条狭长、黑暗、阴森、恐怖的断涧深谷，其间荒草漫漫，怪石嶙峋，渺无人烟。其实，当你来到裂谷之处，展现在眼前的完全是另外一番景象：远处，茂密的原始森林覆盖着绵延的群峰，山坡上长满了盛开着的紫红色、淡黄色花朵的仙人掌、仙人球；近处，草原广袤，翠绿的灌木丛散落其间，野草菁菁，花香阵阵，草原深处的几处湖水波光闪烁，山水之间，白云飘荡。裂谷底部，平平整整，坦坦荡荡，牧草丰美，林木葱茏，生机盎然，宛如世外桃源，或是人间仙境。

还有多少未知与可能

## 未来的命运

◆峡谷奇观

◆裂谷绿洲

世界神秘之地

从广义上讲，东非大裂谷北起西亚，从靠近伊斯肯德仑港的南土耳其开始，南抵非洲东南，一直延伸到贝拉港附近的莫桑比克海岸，跨越50多个纬度，总长超过6500千米。古往今来，东非大裂谷一直引人注目。当今世界，东非大裂谷的未来命运，更是举世瞩目。

英格兰利兹大学地球物理学家蒂姆·赖特使用卫星雷达数据，将这一裂缝的形成过程准确地拼合起来。当非洲和阿拉伯构造板块向两侧漂移时，两个板块之间的地壳会变弱。赖特说："在地壳底部形成的岩浆会定期向下面滴，就向'熔岩灯'一样形成一个腔状'气球'，'气球'逐渐膨胀。这个'气球'当达到临界压力时就会爆炸。"

据赖特估计，在未来100万年左右，裂缝将继续扩大，届时非洲之角将从非洲大陆完全脱离，形成地球上第八大洲——东非洲。赖特说，这种地质过程始终都在发生，不过地面裂开通常只发生在海底，那个区域人们很难看到。他说："这是我们首次利用现代仪器直接观察这一极其重要的地质过程。"

这一发现轰动了科学界。2006年，来自英国、法国、意大利和美国的考察队纷纷前来阿法尔。经过分析和研究，他们预言一个新的大陆将会在100万年间形成，东非大裂谷将会比现在长10倍，东非的好望角将从非洲大陆上分离出去。对此，美国地质学家辛迪·艾宾格表示："许多人认为剧烈的地质现象只发生在遥远的古代，但是我们现在可以看见它们正在发生。"

东非大裂谷未来的命运究竟如何？也许人类只有拭目以待。

苍凉的惊异之地——非洲

SHIJIE
SHENMI ZHI DI

## 受敬仰的石头城
### ——大津巴布韦

德国地质学家莫赫有一次在非洲南部遍布灌丛的地带一步步勉力前行,偶然发现了好些巨大的石墙遗迹。看来显然是一座废城。莫赫当时确信这座废城不可能是当地非洲人所建,因为非洲黑人住的全是原始的泥筑棚屋。莫赫猜测这些建筑定是从北方较先进社会来的人的杰作。但1871年发现这座废城的莫赫完全猜错了。这座使人印象深刻的花岗石城,的确是非洲黑人建造的。

现在就让我们一起漫步这座代表非洲文明的神秘古城。

◆石头城遗址

大津巴布韦文化是南部黑非洲古代文明的杰出代表,得名于一组古代巨石建筑群遗址。该建筑群大约始于公元4世纪至5世纪,以此为中心曾先后建立过一些班图人的王国,后经多次重建或扩建,于14、15世纪达到鼎盛。

大津巴布韦是这些遗址中最大、最壮观的。它是一个围墙围成的圆形区域,内有房屋和庭院。围墙高9米,厚约5米,顶部砌着大石块。沿山谷向下延伸,在约24万平方米的范围内散布着许多石头建筑,包括一座围墙围着的庙宇和稍小一些的建筑物遗迹。

世界神秘之地

HAIYOU DUOSHAO
WEIZHI YU KENENG

还有多少未知与可能

## 石头城的历史

◆伫立的巨石

大津巴布韦建于公元4世纪~公元16世纪初，但关于其民族，人们却所知甚少。它曾是介于西面金矿区与东面印度洋两者之间的一处繁荣的贸易中心。但在公元16世纪初，古津巴布韦国家突然瓦解，大津巴布韦文化也随之走向衰落。

津巴布韦的居民大部分为马绍纳族和马塔贝勒族人。马绍纳人把散布于当地的二百处大小石头建筑的任何一处废墟都叫"津巴布韦"，而位于维多利亚堡东南部的一大片石头城废墟，则被称为"大津巴布韦"。

大津巴布韦遗址三面环山，一面是波平如镜的凯尔湖。整个的遗址范围包括山顶的石岩和山麓的石头大围圈及其东面的一片废墟，组成了相互联系的建筑群。据考证，这座石头城建于公元600年前后，是马卡兰加古国的一处遗址。古城分为外城和内城两部分，外城筑在山上，城墙高10米，厚5米，全长240米，由花岗岩巨石砌成。内城建在山坡谷地，呈椭圆形。城内有锥形高塔、神庙、宫殿等，都由石块砌筑，而且这些建筑的入口、甬道和平台等都是在花岗岩巨石上就地开凿出来的。

 你知道吗——谁创造了石头城？

在古城沉积土层找到的一些物件，经过碳14分析以鉴定年代，证明卫城山上最早的拓居活动，始于公元2世纪或3世纪。到了1200年前后，这个地区受现今绍纳人的祖先姆比雷人控制。姆比雷人是熟练的矿工、手艺人和商人。曾经

世界神秘之地

## 苍凉的惊异之地——非洲

建立一个组织完善的政治个体。那些花岗岩高墙，大概就是姆比雷人文化全盛时期建造的。神殿和围墙则为较晚期的建筑，至于其他房舍，似乎是以后两三个世纪才增建的。

## 奇观的扬名

有关津巴布韦遗址奇观的传说，大约在中世纪就通过阿拉伯商人传到了欧洲。然而，在阿拉伯人的传播中，却把津巴布韦与所罗门王的名字连在了一起。这样一来，当欧洲人发现这个废墟时，误认为这就是所罗门王的藏宝之地。

1871年，来到这里探险的德国地理学家卡尔·莫赫最先把这个奇迹公之于世。他说："那是一大片聚在一起的石造建筑物，全没屋顶，都用灰色的花岗岩石块以精巧的技术建成，有些石块还曾雕琢。山上那些高大的石墙，分明是欧洲式的建筑。"莫赫进入城内作了一番考察，认为有证据显示石头城的最初建造者们生活富裕、势力强大。然而，对于究竟是什么人、在什么年代以及为什么要建造这么庞大的石头城等诸多疑问，却没有找到任何线索。但是他认为，石头城的建造者不可能是非洲人，更不是当地卡兰加人的祖先所为。莫赫的这种说法也许不足为据，但他的有关津巴布韦

◆苍老的古城墙

◆古老的石门

世界神秘之地

## 还有多少未知与可能

的报告，于1876年出版，却引起了世界各地不少学者和探险者们的兴趣，他们开始相继前往大津巴布韦考察。

大津巴布韦遗迹是一个大面积的复合体，有防御工程、塔状建筑和排水系统，占地达80公顷，共有三组建筑：第一组是一连串如堡垒般的城墙，内有复杂通道、石级和走廊，这组建筑现在一般称作卫城。城墙与一个大孤丘结合在一起，随着岩石起伏，以精湛的技术把花岗岩石堆砌起来，顺其自然之势与大孤丘混为一体。站在卫城顶上，可把整个津巴布韦遗址风光尽收眼底，可见当初设计者的别具匠心。第二组是一处椭圆形花岗石围墙，称作神庙。神庙位于卫城下的平地上，至今仍然完整无缺，充分显示出当初建造者的艺术才干和建筑水平。庙内有一座气势庄严的高塔。第三组介于围墙和神庙之间，包括好多小的房屋。

◆石头堆砌的平整的墙壁

## 文化艺术特色

在津巴布韦的维多利亚博物馆里，陈列着早年土著人的绘画和从大津巴布韦遗址出土的文物，其中有中东的陶瓷、阿拉伯的玻璃等。在遗址旁还保留着古代的梯田、水渠、水井，遗址地基上还找到了古代铸造钱币的泥模。博物馆里还陈列着从大津巴布韦遗址中找到的4块中国明代瓷器碎片，其中两块大的可以辨认出是青瓷大花瓶的底座部分，底圈中央有用青釉绘制的"大明成化年制"6个字。

从已经发掘到的文物看，大津巴布韦遗址曾经是一座非常繁荣的城

苍凉的惊异之地——非洲

◆古城旧址

市，农业、冶炼业、对外贸易都相当发达，而且一度与中国、阿拉伯、波斯等许多国家有着经济、文化的交往。

 **轶闻趣事——"津巴布韦鸟"**

　　大津巴布韦遗址中最珍贵的文物是当年用于装饰大围圈顶部的"津巴布韦鸟"。鸟用淡绿色的皂石雕刻而成，鸟身如鹰，而头似鸽子，脖子高仰，翅膀紧贴身子，长约50厘米，雄踞在1米高的石柱顶端。这种石雕鸟是津巴布韦一个部族世世代代崇拜的图腾，一直信奉至今，其工艺精细，造型雄健，艺术价值连城。据说，在大津巴布韦遗址中，曾先后发现8只这样的"津巴布韦鸟"。皂石柱上的鸟后来被人们称为"津巴布韦鸟"，现在它被作为津巴布韦的象征，印在国旗和硬币上。

## 卫城的实心塔

　　据最初记载，大津巴布韦卫城上有七座实心塔，现今只剩下四座。这四座塔的真正用途，人们至今仍弄不明白。更令人费解的是神庙里面的圆锥塔，此塔高20余米，没有任何文字标记。多少年来，一批又一批考古学

HAIYOU DUOSHAO
WEIZHI YU KENENG

## 还有多少未知与可能

◆巨石与石屋

◆石头城远眺

家和前来企图在塔内搜寻黄金宝藏及古物的人，曾千方百计想钻进去探查，却无法找到一个入口。近年来，又有人前来对此塔"刨根问底"，有的在地下挖了一条壕沟穿过塔底，也有人为寻找塔内的通道在塔内搬开了许多石块，但还是找不到一个进口，最终不得不认定这是个实心塔。离圆锥塔不远处有一祭塔台，据说在原始社会，这里是举行生殖崇拜的场所。对塔的作用，专家们众说纷纭，有人认为它是瞭望台，有人认为它是宗教象征，有人认为它是粮仓的模型，还有人说它是男性生殖器的象征，但这种种说法都缺少足够的依据，至今人们仍不明白它的真正用途。

事实上，不仅圆锥塔，就是那整座的石头城到底是干什么用的，人们至今也没能真正弄明白。有人说这是一个消失了的帝国的皇帝住所，有人说这是宗教场所，但是也有人认为这是古代人开采、提炼黄金的地方。由于这些石头建筑上没有文字，历史上也没有记载，这种种说法都不过是人们的推测和设想。但是有一点可以肯定：大津巴布韦以及其他石头废墟是历史上已经湮没的一个帝国保存的全部遗迹，是古代非洲文明的杰出代表，它代表着非洲撒哈拉以南地区文明发展的高度成就。

# 隐匿的秘密之地
## ——海洋

地球的表面大部分都被蔚蓝色海洋所覆盖,而人类赖以生存的陆地,所占面积还不到地球表面积的三分之一。海洋调节了地球上的气候,为各种生物提供了比陆地大得多的生存与发展空间。

大海永远是那么那么的蓝,这种蓝透着一种神秘,有很多人都想去揭开这神秘的面纱,可是没有一个人能成功。海到底有没有边际,海底还有多少秘密,谁都不知道。神秘的海洋孕育了特殊的文明,让我们一起走进蓝色大海,一起感受那忧郁与神秘吧。

# 祖国的神奇之地

## ——序

地球的表面积约为5亿平方公里,而人类所生活的陆地,即所谓陆地面积却只占地球面积的29.2%,海洋面积却占了70.8%。但是,即使是这29.2%的陆地中,也还有不少地方是人迹罕至的,尤其是那些自然条件极其恶劣的地区,更是一块一块的"无人区"。而即使是那些有人烟、有人类活动的地方,也并不是每一个地方都是人们已熟悉、已掌握、已了解的。对于广大人民群众来讲,地球上还有许多神奇的地方。

隐匿的秘密之地——海洋

# 消失的帝国
## ——"大西洲"亚特兰蒂斯

亚特兰蒂斯,一个传说中高度文明的国度,一个在一夜之间消失得无影无踪的帝国。几千年以来,关于亚特兰蒂斯是否存在,众多的历史学家争论不休,而科学家们也在不断的寻找它的踪迹,却不断地失望而归。

现在就让我们一起感受亚特兰蒂斯的神秘吧。

亚特兰蒂斯,又译阿特兰蒂斯,在柏拉图的著作和希腊神话中出现的一个神秘地区,一个人类至今无法解答的谜。

◆神秘的海底

## 神秘的大陆

在梵蒂冈城国保存的古代墨西哥著作抄本(即《梵蒂冈城国古抄本》)和存留至今的墨西哥印第安文明的作品中,有过这样的叙述:"地球上曾先后出现过四代人类。第一代人类是一代巨人,他们毁灭于饥饿。第二代人类毁灭于巨大的火灾。第三代人类就是猿人,他们毁灭于自相残杀。后来又出现了第四代人类,即处于'太阳与水'阶段的人类,处于这一阶段的人类文明毁灭于巨浪滔天的

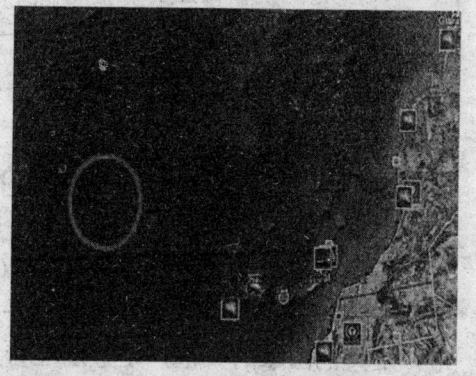
◆亚特兰蒂斯古城可能靠近摩洛哥海岸

## HAIYOU DUOSHAO WEIZHI YU KENENG
## 还有多少未知与可能

◆魔幻亚特兰蒂斯

大洪灾。"。在梵蒂冈图书馆中迄今保存的另一批古代手稿中，对大洪水之前曾存在的人类文明也有所谈及。

现代科学发现，在大洪灾之前，地球上或许真存在过一片大陆，这片大陆上已有高度的文明，在一次全球性的灾难中，这片大陆沉没在大西洋中。而近一个世纪以来，考古学家在大西洋底找到的史前文明遗迹，似乎在印证着这个假说。在民间的说法中，人们把这片陆地叫作"大西洲"，把孕育着史前文明的那个国度叫作"大西国"。其实，科学界早就给这片神秘消失的大陆命名了，那就是沿用了柏拉图提出的名字：亚特兰蒂斯。

世界神秘之地

### 万花筒

一项研究报告指出，传说中"亚特兰蒂斯"有可能位于西班牙南海岸外的一块盐沼区域。

## 城市的构造

亚特兰蒂斯首府是波赛多尼亚（亦名海神市）。可以说它代表了大西洲的精粹，是文化、艺术和工艺水平的集中体现。这是一座纪念碑样的城市，是其他国家的典范，是显示亚特兰蒂斯的伟大所在。

传说中的这座城市，由一系列浮于海上的同心圆连接而成。可以看出它是如何朝中心一层层由低到高排列的。中心部分是大本营，直径接近 2.5 千米。

圆环内圈是最重要的庙宇和保留地。城市的建筑可以让人感受到音乐的美妙韵味。由于风力和温度的不同，镀金的圆屋顶会发出和谐的声音，通常是三个音节。建筑群由三组类似的建筑组成，三个金字塔组成的塔

隐匿的秘密之地——海洋

群。城市的每一层街道都呈对角线分布，从海滨一角到另一角，在地下还有很多错综复杂的地下长廊。

金子是最常用的建筑材料。城市中心最辉煌的建筑有天文意义。那些金碧辉煌的建筑在风中会发出和谐的音调。镀金的音乐圆顶是天象馆和其他一些公众建筑，当然并非所有人都有权进入这里的中心建筑。城市四周到处布满了巨大的山洞。这是支撑的柱子。仔细看可以看到紧贴入口是金牛座的标志，上面描绘着男人和公牛的图案。

这块祖母绿被精细地雕刻成透明，城市的主要法典写在上面，翻译成不同的语言和土语。祖母绿被安放在一个地下房间严密看守着，那是亚特兰蒂斯最神圣的地方。

◆想象中的海底亚特兰蒂斯

### 小知识

#### 神奇的亚特兰蒂斯

世界上几乎所有的文明都与亚特兰蒂斯相关，古希腊传说中的众神都是亚特兰蒂斯王国的国王、王后和英雄人物的化身，古代埃及和秘鲁的传说中对太阳的崇拜，实际也是来源于亚特兰蒂斯的宗教，特洛伊与亚特兰蒂斯在地理方位上是一致的，世界上最古老的殖民地很可能就是亚特兰蒂斯征服的古埃及，今天的埃及文明完全是亚特兰蒂斯文明的复制。

## 奢华的文明

当时亚特兰蒂斯的生活非常奢华，因为根本无需用劳动维持生计，一切都是自动化的，百姓享尽便利。一些边缘历史学家大胆猜测，说他们因为过度享乐而远离精神，违背上帝。大多数人面貌非常俊美，衣服由珠宝

HAIYOU DUOSHAO
WEIZHI YU KENENG

### 还有多少未知与可能

◆梦想大陆

点缀，人们跳舞、聚会、服用迷幻药物。亚特兰蒂斯人用脑高达90％，跟动物可轻易沟通，不但制造机器人，也通过基因工程创生半人半兽的"卡美拉"，例如美人鱼。整个城市都是机械管理，人不需专门读书，知识可以从特殊装置中吸取，十五六岁小孩的智慧就已超过现在的高等学者。独角兽也是他们基因改造出来的。

## 辉煌的科学成就

◆静静躺在海底的石阶

在亚特兰蒂斯史前超文明中，最令人注目的科学成就就是能源系统。

能源系统的中心是磁欧石。它是六面体的巨大圆柱体状的玻璃样物质，它能吸收阳光，将其转变为能源。它被设置在波塞迪亚（亚特兰蒂斯的首都）太阳宫的中央能源所内，创造出20世纪人类尚未了解的"宇宙能源"，将它集中、增强，以不可直视的强光向世界传播。

在交通工具上，亚特兰蒂斯人也运用磁能场来驱动类似飞盘的飞行器。亚特兰蒂斯人在精神与心灵上的开发着重于整体和谐的宇宙观，亚特兰蒂斯人运用心灵高度开发的人，作为信息传递的中继站，其功能就好像现在的卫星接收站一样。也就是说精神已经成为一种有形的媒介，而不需使用电线电缆，纯净的心灵胜过直径好几米大的盘型天

## 隐匿的秘密之地——海洋

线。而一般的人运用心灵与动物沟通，如与海豚和麒麟做心灵对话更是很平常的事。

亚特兰蒂斯人不只有将那光线发展成动力能源的文明，同时他们也能使人体再生及返老还童，这一切致使亚特兰蒂斯人无忧无虑、快快乐乐地生活于那个天堂里。而这超文明却在公元前16000年时突然沉入海底，以磁欧石为中心的能源系统发生爆炸，使地球的地基摇动，巨大的大陆沉没了，只剩下迁移到别处的人们，而亚特兰蒂斯人则消失了。

◆亚特兰蒂斯人造模型

## 柏拉图的记载

在希腊哲学家柏拉图的描述中，亚特兰蒂斯是一个美丽、技术先进的岛屿。他在书中写道：亚特兰蒂斯不仅有华丽的宫殿和神庙，而且有祭祀用的巨大神坛。柏拉图在描述中说，亚特兰蒂斯人拥有的财富多得无法想象。亚特兰蒂斯人最初诚实善良，具有超凡脱俗的智慧，过着无忧无虑的生活。然而随着时间的流逝，亚特兰蒂斯人的野心开始膨胀，他们开始派出军队，征服周边的国家。

◆相关的考古发现

## HAIYOU DUOSHAO WEIZHI YU KENENG
### 还有多少未知与可能

他们的生活也变得越来越腐化，无休止的极尽奢华和道德沦丧，终于激怒了众神，于是，海神波塞顿一夜之间将地震和洪水降临在大西岛上，亚特兰蒂斯最终被大海吞没，从此消失在深不可测的大海之中。

柏拉图在二千年前述说的这个岛屿，令许多人为之向往，但没有人能提出有力的证据证明亚特兰蒂斯确实存在过。

◆独特的文字

### 广角镜——失落的帝国到底在哪里？

因为英国考古学家埃文斯于二次世界大战前发现了位于克里特岛上的大规模遗迹，而且再加上在北方的一个圆环状小岛"席拉岛"上发现了现在已成为内海的火山口，以前曾经是一个小岛的证据，因此有人怀疑席拉岛正是亚特兰蒂斯传说的由来。因为据研究，约公元前15世纪（也就是柏拉图年代的900年前），席拉岛上的圣多里尼火山发生了一次大爆发，爆发导致火山口上建立的文明城市被毁灭，也引发了海啸。这次火山喷发使得原本依赖贸易的迈锡尼文明受到了重大打击，就此一蹶不振。

支持此说的人认为，柏拉图（亦或是他表弟柯里提亚斯或最初听到这故事的希腊人索隆）把数字弄错了，因此整个数字夸大了十倍以上，900年变成了9000年，4万平方千米变成了40

◆画家笔下的亚特兰蒂斯

## 隐匿的秘密之地——海洋

万平方千米,所以才变成了这样的传说。

还有一说法叫南极说。此说是认为亚特兰蒂斯应该是在南极半岛,并以"地壳滑动说"来解释亚特兰蒂斯的毁灭,认为亚特兰蒂斯不只是受到了火山等等的灾难,紧接而来的是严寒,从而导致亚特兰蒂斯人放弃了自己的故乡,南极半岛随后也被厚厚的冰层覆盖。

还有爱尔兰说。瑞典地理学家乌尔夫·埃林森于2004年出版的《地理学家眼中的亚特兰蒂斯:勘探仙境之国》一书中认为,爱尔兰岛即为亚特兰蒂斯大陆。主要论点来自于柏拉图所描述的岛国大小及地貌与爱尔兰岛极为相似,并且两者都有巨石墓葬文化。亚特兰蒂斯沉没的传说可能来自于公元前6100年,冰河期结束导致海平面上升,淹没许多沿岸岛屿。长时间的以讹传讹将小岛的沉没夸大为毁灭性的灾难。

## 还有多少未知与可能

# 神秘的海底黑洞
## ——"丧命地狱"百慕大三角

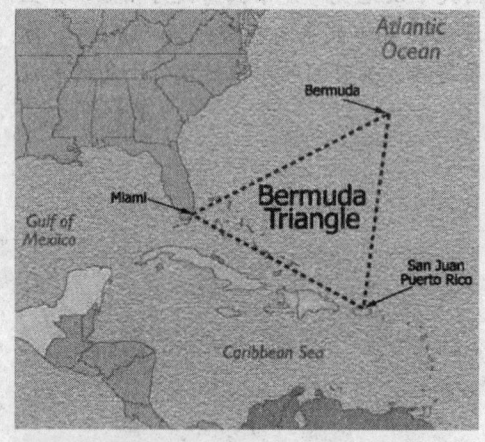

◆百慕大三角的地图显示

◆百慕大三角的想象图

世界神秘之地

纵览世界地图，人们就会发现：地球的表面大部分都被蔚蓝色海洋所覆盖。海洋调节了地球上的气候，为各种生物提供了比陆地大得多的生存与发展空间。海水中溶解有数以万亿吨计的无机盐和矿物质，海底还蕴藏着数量极为可观的矿藏。现在海洋与人类的关系已变得越来越密不可分。

海洋是辽阔的，是富有的，但是同时它也是恐怖的，深不可测的，甚至随时都可能存在危险。在北大西洋就有这么一块区域处处透露着神秘和惊悚，现在就让我们一起开始这段恐怖之旅吧。

百慕大三角又称魔鬼三角，有时又称百慕大三角洲，位于北大西洋的马尾藻海，是由英属百慕大群岛、美属波多黎各及美国佛罗里达州南端所形成的三角区海域，面积约390万平方千米。

SHIJIE
SHENMI ZHI DI

隐匿的秘密之地——海洋

## 著名的魔界三角区

◆风景秀丽的百慕大

百慕大群岛是世界闻名的地方之一，面积达64万平方千米。百慕大群岛是由360多个岛屿组成的群岛，这些岛屿好似圆形的环躺卧在大西洋上，由于百慕大群岛与美洲大陆之间有一股暖流经过，因此这里气候温和，四季如春，岛上绿树常青，鲜花怒放。百慕大又被称为地球上最孤立的海岛，因为它与最接近的陆地也有上千个千米之遥，因此百慕大群岛四周是辽阔的海洋，具有蓝天绿水，白鸥飞翔，花香四溢的秀丽风景。

百慕大之所以出名，并非是由于它的美丽的海岛风光，而是提起百慕大，人们就会联想到恐怖而神秘的"百慕大三角海区"。相传，在这里航行的舰船或飞机常常神秘地失踪，事后不要说查明原因，就是连一点船舶和飞机的残骸碎片也找不到。以致于最有经验的海员或飞行员通过这里时，都无心欣赏那美丽如画的海上风光，而是战战兢兢，提心吊胆，唯恐碰上厄运，不明不白地葬送鱼腹。现在，百慕大三角已经成为那些神秘的、不可理解的各种失踪事件的代名词。

"百慕大魔鬼三角区"名称的由来，是1945年12月5日美国19飞行大队在训练时突然失踪，当时预定的飞行航迹是一个三角形，于是人们后来把美国东南沿海的西大西洋上，北起百慕大群岛，延伸到佛罗里达州南部的迈阿密，然后通过巴哈马群岛，穿过波多黎各，到西经40线附近的圣胡安，再折回百慕大群岛，形成的一个三角地区，称为百慕大三角区或"魔鬼三角"。在这个地区，已有数以百计的船只和飞机失事，数以千计的人在此丧生。

HAIYOU DUOSHAO
WEIZHI YU KENENG
还有多少未知与可能

## 魔鬼三角区形成原因

◆百慕大水域海底的沉船

世界神秘之地

到目前为止，对"百慕大魔鬼三角"的解释可归纳为如下几类：一类认为，这些失踪是由于超自然的原因造成的，联想到是否有外星人的飞碟在作怪。第二类则认为是自然原因造成的，如地磁异常、洋底空洞，甚至还有人提出泡沫说、晴空湍流说、水桥说、黑洞说等一些看法，用一些奇异自然现象来解释"百慕大魔鬼三角"。最近，英国地质学家、利兹大学的克雷奈尔教授提出了新观点。他认为：造成百慕大海域经常出现沉船或坠机事件的元凶，是海底产生的巨大的沼气泡。在百慕大海底地层下面发现了一种由冰冻的水和沼气混合而成的结晶体。当海底发生猛烈的地震活动时被埋在地下的块状晶体被翻了出来，因外界压力减轻，便会迅速汽化。大量的气泡上升到水面，使海水密度降低，失去原来所具有浮力。恰逢此时经过这里的船只，就会像石头一样沉入海底。如果此时正好有飞机经过，当沼气遇到灼热的飞机发动机，无疑会立即燃烧爆炸，荡然无存。与此相反，有些人认为这些奇特的失踪现象彼此间并无联系，因而也就否定百慕大魔鬼三角的存在。百慕大这层神秘的面纱是否已经揭开，尚待后人的研究验证。

 广角镜——东亚海域"百慕大三角"

在日本本州的南部和夏威夷之间，也有一个魔鬼三角区。具体地说，这个海

## 隐匿的秘密之地——海洋

域的魔鬼三角区，是从日本千叶县南端得野岛崎及向东1000余千米在于南部关岛的三点连线之间的海域。在这里很多船舶和飞机也是无影无踪地消失了。最奇怪的事件是1976年1月16日，一艘载有220000吨矿石的挪威矿石运输船贝尔基伊斯特拉号在毫无飓风骇浪的情况下，在这里莫名其妙地失踪，毫无痕迹，简直叫人惊骇。

## 奇异事件回放

本世纪以来所发生的各种奇异事件，最让人费解的大概就要算发生在百慕大三角的一连串飞机与轮船的失踪案了。

第19飞行大队由5架"复仇者"鱼雷轰炸机和14名飞行员组成。在1945年12月5日下午2点，这五架飞机从佛罗里达的劳德代尔海军航空基地起飞进行飞行训练，既定航线是从佛罗里达半岛向东飞越大西洋抵达巴哈马群岛上空，然后折回劳德代尔堡，全程约500千米，飞机上携带的汽油足够飞行6个小时。在下午4点，基地接到队长泰勒发来的遇到麻烦的信号，这时飞机已到达了巴哈马群岛的上空，但是并未按原定的向南、向西航线折回，而是继续向北、向东飞行，离开大陆越来越远，向大西洋深海飞去。基地收到的最后一次通讯是7点过后不久，那时飞机还有1个小时的燃料，飞机却显然仍然继续向大西洋深处飞去，直到汽油耗完沉落海底。飞行员可能试图在海面迫

◆百慕大三角的奇丽风景

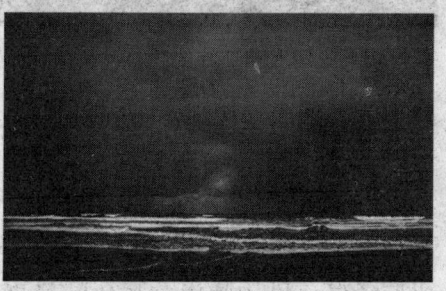

◆神奇的水域

## 还有多少未知与可能

◆百慕大三角的惊涛骇浪

◆百慕大三角上空训练的飞机神秘失踪

世界神秘之地

降,但在黑暗之中失败而遇难。援救人员未能发现飞机的残骸和尸体,显然它们都已沉入了大海深处。"复仇者"绰号"铁鸟",空机重达6350千克,一旦掉到海面上就很快沉落海底。但是这次悲剧并没有结束,在当天晚上7点27分,两架"水手"海上飞机起飞前去救援,其中一架在升空23分钟后发生爆炸,机上13名乘员全部遇难。"水手"海上飞机有容易漏油的毛病,绰号"飞行油箱",如果有乘员吸烟或因别的原因出现火花,就可能发生爆炸而出事。"甘斯·米尔斯"号的海员目睹了这架飞机的爆炸经过,并发现了掉到海面上的残骸。

这件事被添油加醋再披露之后,百慕大海域出了名。随着人们对这片海域的关注,不可思议的飞机失踪事件,就显得越发令人感到恐怖。

1948年12月27日22点30分,一架DC—3型大型民航班机从旧金山机场起飞,途经百慕大海域上空,地面指挥塔曾听到机长惊诧的话声:"这是怎么回事?都在唱圣诞歌哪?"谁也没有想到这句话里所包涵的意义是什么。

28日凌晨4点30分,班机还向机场发过电讯——"接近机场,灯光可见,准备降落。"机场做好接受着陆的各项准备。可是这架DC—3型班机始终没在机场降落。它在降落前就消失了,机组人员和全部乘客无一生还。

隐匿的秘密之地——海洋

SHIJIE
SHENMI ZHI DI

飞机一分钟前还与机场保持着正常联系，这次失踪仿佛是在一瞬间发生的，就像天空破了个洞，飞机一下子掉进洞里，无声无息了。

## "死人复活"

"时空无时不在，无处不在。"这是一个哲学命题，也是人们通常最普遍的认识误区之一。根据科学家们判定：在通古斯陨石坠落的地区、核武器实验地区、切尔诺贝利原子能发电站附近以及其他有死亡威胁的地方，即使最精确的表也会不准。有时发生的某种不可思议的事，好像"时间断裂"一样。神奇的海洋上，似乎也时时向人们展示着时间断裂。

◆百慕大三角电闪雷鸣的夜晚

百慕大三角在世人的心目中简直比魔鬼还可怕，在那里莫名其妙失踪的飞机和船只不知有多少，这个恐怖的海域不知吞噬了多少人的生命。但是世间事无奇不有，也有人在百慕大"死"而复活，连自己也不知道是怎么回事。

◆百慕大美丽的沙滩

1989年2月26日，一艘巴拿马渔船在百慕大三角南75千米处作业，人们发现一白色布袋在海面上一沉一浮，拉出海面一看，里面竟是一个活人。这个人叫米高维尔斯奇思，他在1926年死于癌症，他随身携带的一些文件证明了这点。他先被送到百慕大医院，后又被转至欧洲苏黎世精神中心，以便找出其"死而复生"的原因？医生们费尽周折也找不出原因，他自己也不明所以。

世界神秘之地

## 还有多少未知与可能

此人1918年移居百慕大，1923年患癌症，1926年3月24日，他的妻子遵照其生前要求海葬的遗愿，把他装在帆布袋里海葬，抛到百慕大以南的海里。想不到63年他怎么活过来了呢？即使"复活"了，在帆布袋里也会淹死呀？他本人对这些也不能解释，他说他"死"后自己也很模糊，只记得恢复知觉时被人救上了渔船。

1946年3月16日，白赖仁和莉地亚夫结为夫妇。一年后，他们在百慕大坐游艇再度蜜月。在游览中，白赖仁失足坠入海中，被汹涌的波涛卷得无影无踪。莉地亚回到家乡肯特基后，不再嫁人，苦苦思念着丈夫。43年后的1990年初，莉地亚心血来潮，她要故地重游，租用了老船长63岁杜比亚辛的船，当船驶到她丈夫被溺的海域时，被认为早已溺死的白赖仁竟奇迹般的出现在该船的甲板上，与其忠贞的妻子拥抱、接吻，之后却又出乎意料地双双消失了，好在船长并未因惊奇而发昏，就在这对夫妇拥抱、接吻的一刹那，他不失时机地利用照相机拍摄了一张珍贵的照片，并在返回港口后向警方出示了这张照片，警察们也不得不相信这个事实。

隐匿的秘密之地——海洋

## 触目惊心的灾难
## ——东亚龙三角

千百年来，在人们的内心深处始终潜藏着一种对浩瀚海洋的畏惧。自从人类进入了文明社会，就有无数的船只每天航行在海洋之上。但是直到今天仍然有个奇怪的海域令人们谈之色变。这并不是神秘的百慕大三角，而是位于日本以东一片更为神秘的海域——魔鬼三角。

究竟是什么力量将船只打入海底，无一生还？究竟那些飞机为什么会不留痕迹，凭空消失？究竟是什么力量将水手们推向了死亡？大洋之下到底隐藏着多少秘密？

在中国台湾省东北部的太平洋上，有一个与百慕大"魔鬼三角"齐名的三角海区，这就是东亚"三角"，又称"龙三角"。龙三角面积约10万平方千米，大体位于日本东京湾、

◆龙三角沉船位置图

◆沉船

HAIYOU DUOSHAO
WEIZHI YU KENENG

>>>>>>>>>>>>> 还有多少未知与可能

小笠原诸岛、关岛和台湾东部的雅浦岛之间，与百慕大三角遥遥相对。

## 令人恐惧的龙三角

◆沉船打捞

自 20 世纪 40 年代以来，无数巨轮在日本以南空旷清冷的海面上神秘失踪，它们中的大多数在失踪前没有能发出求救信号，也没有任何线索可以解答它们失踪后的相关命运。如果在地图上标出这片海域的范围，它恰恰是一个与百慕大极为相似的三角区域，这就是令人恐惧的东亚龙三角。

当地渔民习惯的称这个魔鬼三角为"龙三角"。时至今日，有关海洋怪兽的传说已经渐渐褪色，但日本的渔民依然对龙三角怀着深深的敬畏，尤其当他们在丰厚水产资源的诱惑下，拿生命去冒险的时候，这种感觉更为强烈。奇怪的是，声名狼藉的"百慕大魔鬼三角"正好位于地球的另外一侧，纬度35度，与龙三角相对的位置。两片海域的海水据说是世界上最深的。研究者告诉我们，龙三角和著名的百慕大三角很有相似点，比如都几乎处于同一纬度，虽然经度不一样，但它有点像两个对应的点，而且发生的奇异现象非常接近。比如船只或者飞机进入了这个地方以后就消失了，没有任何的回音，甚至很多年以后都没有找到尸体或者残骸等等。

 知识库——海啸

海啸是一种具有强大破坏力的海浪。当地震发生于海底，因震波的动力而引起海水剧烈的起伏，形成强大的波浪，向前推进，将沿海地带一一淹没的灾害，称之为海啸。

海啸在许多西方语言中称为"tsunami"，词源自日语"津波"，即"港边的

隐匿的秘密之地——海洋

波浪"（"津"即"港"）。这也显示出日本是一个经常遭受海啸袭击的国家。目前，人类对地震、火山、海啸等突如其来的灾变，只能通过观察、预测来预防或减少它们所造成的损失，但还不能阻止它们的发生。

## 恐怖海域的斑斑劣迹

◆德拜夏尔号电脑模拟

1980年9月8日，相当于泰坦尼克号两倍大小的巨轮德拜夏尔号装载着15万吨铁矿石，来到了距离日本冲绳海岸370千米的地方。这艘巨轮的设计堪称完美，已在海上航行了4年，正是机械状况最为理想的时期。因此，船上的任何人都会感到非常安全。这时，船遇上了飓风。但船长对此并不担心，在他眼里像德拜夏尔号这样巨大并且设计精良的货轮，对付这种天气应该毫无问题。他通过广播告诉人们：他们将晚些时候到达港口，最多不过几天而已。可是，岸上的人们在接到了船长发出的最后一条消息后，德拜夏尔号及全体船员便失踪了，消失得无影无踪。

◆海啸中的巨浪

HAIYOU DUOSHAO
WEIZHI YU KENENG

## 还有多少未知与可能

这是一场巨大的灾难，但它并不是孤立的、唯一的。

在第二次世界大战中，交战双方的潜水艇同样在这里遭遇了厄运。据美军统计：凡在此执行任务或路经此处的美军潜艇中，有很多因非战斗因素失踪，总数达52艘之多。

二战后期，为了夺取海上优势，美国海军第38航母特遣队对日本的神风突击队发起了三天三夜的狂轰滥炸。正当舰队重新补充燃料，准备再战的时候，在这片海域不得不与恶劣的自然环境展开了一场生存之战。当时在强大的飓风和18米高恶浪的袭击下，16艘舰船遭到严重破坏、200多架飞机从航母上被掀到了海里、765名美军水兵遇难。这是美国海军在20世纪所遭遇最严重的自然灾难。

◆海啸巨浪袭击岸边人群

在1980年9月9日巨轮德拜夏尔号在此失踪后，仅仅过了几年，她的两艘姐妹船只同样在此遇难。2002年1月，一艘中国货船林杰号及船上19名船员，在日本长崎港外的海面上突然就消失了。没有求救呼叫，没找着残骸，货船就仿佛在人间蒸发了，人们无法知道他们遭遇了什么。

## 假设不等于真相

连续不断的神秘失踪事件引发了人们的好奇，科学工作者们开始以不同的方法和不同的角度试图去揭开魔鬼海之谜。由于实地考察有一定的条件局限性和较大的风险性，因此五花八门的猜测便纷纷出台了。

◆调查德拜夏尔号的水下机器人

## 隐匿的秘密之地——海洋

流传最久的是海洋怪兽兴风作浪的传说，但在当代科技面前这一假设已渐渐褪色。磁偏角现象使航行中的船只迷航甚至失踪的假设也难以成立。磁偏角是由于地球上的南北磁极与地理上的南北极不重合而造成的自然现象，这种偏差在地球上的任何一个位置都存在，并不是东亚龙三角所特有。早在 500 年前哥伦布提出磁偏角现象后，它早已成为航海者的必备知识，故它不可能简单地成为拥有现代化设备的船只迷航和沉没的原因。

还有一种飓风说。据海洋专家观测，强大的飓风经常在东亚龙三角的海域中酝酿，这片不幸的海域是飓风的制造工厂，其温暖的水流每年可以制造 30 起致命的风暴。这一点可在那些失事船只最后发出

◆风浪中的船

◆飞机坠海

的只言片语中得到印证。于是有些专家认为是飓风使得那些过往船只的导航仪器在一瞬间全部失灵，最终导致船舶失事的。但是，当今大型的现代化船舶是按照能抵御最坏情况的标准制造的，按理说仅凭一场飓风并不能击沉它们。

◆海上营救

HAIYOU DUOSHAO
WEIZHI YU KENENG
还有多少未知与可能

## 真的是外星人所为？

1980年8月18日，原苏联的乌拉基米尔号船在完成任务后从日本沿海返航。一位随船教授突然发现一个不明物体从海底冲了上来。这件物体呈圆筒状，能够发出耀眼的蓝光，当它滑过船只时将船的一片区域烤得焦黑。这个来历不明的物体环绕轮船数分钟以后，与它的出现一样突兀，又骤然消失在海洋中。这位教授认为如此怪异的东西绝非地球所有。

**你知道吗？**

拍摄于1985年的电影《魔茧》，故事的构思来源于人们对大洋深处存在外星人基地的幻想。影片中的人们在一片突如其来的海雾中，被外星人神秘地带走，瞬间消失在海上警卫队面前，所有的人都以为他们遇到了海难，但几年之后他们又神奇地回到了地球。于是人们开始猜想这些在东亚龙三角发生的奇怪事件是否是外星人所为。

世界神秘之地

人们似乎总愿意相信外星生命一定降临过地球，动用外星人似乎是解释世界上任何难解或未解之谜最简单的方式，现在一切所不能理解或无法解释的现象都可以由外星人做出简单的回答。这也许更可以归功于人类思想的惰性，就像中世纪的人们将所有难以解释的现象都归于上帝一样。但这毕竟是假设。

## 找到实证

只有找到能使假设成立的实证，假设才能变为事实。对此，人们或千方百计地为假设寻找证据，或独辟蹊径以求殊途同归，总之人们对未知领域的探索从未间断过，中亚龙三角之谜就是这样被解析着。

在多种科研途径中，日本科学家采取了试图从研究海底世界这一层面来解释海难事故的方法。日本海洋科技中心向这片魔鬼海的黑暗之处投放了一些深海探测器，这些探测器可以到达世界大洋最深的底部。海洋科学

## 隐匿的秘密之地——海洋

家们在黑暗的深海花费了大量时间,向人们展现了一个看不见的世界。科学家们发现:在东亚龙三角西部的深海区,岩浆具有随时冲破薄弱地壳的威胁。这种事情的发生毫无先兆,其威力之巨足够穿透海面,而且转瞬之间它又可平息下来,却不会留下任何证据。

◆壮观的海啸

当大洋板块发生地震的时候,超声波达到海面表层,形成海啸。海啸引发的巨浪时速可以达到每小时800千米以上,这是任何坚固的船只都经受不起的。此外,毁灭性的巨大海啸在生成海浪时于广阔的洋面上只有1米或者比这还低的高度,这种在大洋中所发生的浪潮起伏是不易被过往船只所察觉的,它很难引起人们的注意。但大约在20分钟至1个小时后,灾难就开始降临。如果在海啸发生时又正好赶上飓风,那么遇难船只甭说自救,就连呼救的时间可能都没有了。

这一建立在科学论证基础上的结论不仅为东亚龙三角揭开了神秘的面纱,同时也足以告慰那些碧渊深处的亡灵,

◆海啸预警系统

也给了那些长久沉浸于痛苦之中的亡者亲人们一个圆满的答案。

### 知识库——统计数据

纵观历史,2000年来共有100多万艘船只长眠在大海这片深蓝色的水下,平均每14海里便有一艘沉船,它说明海洋无愧是地球上最神秘莫测的生存地狱。迄今为止,人们依然无法知道在浩瀚的大洋之下,到底还隐藏着多少秘密等待着去探索、发现。

还有多少未知与可能

世界神秘之地

## 梦幻时代的圣地
## ——"五彩独石山"艾尔斯岩

在澳大利亚中部浩瀚的红沙地中，有一个举世闻名的世界自然和文化遗产——乌卢鲁国家公园。公园坐落在澳大利亚的北领地，北领地是澳大利亚唯一由土著人管理的地区。北领地与澳大利亚其他六大州并列，领地面积约占澳大利亚大陆面积的六分之一，人口仅占全澳的百分之一。境

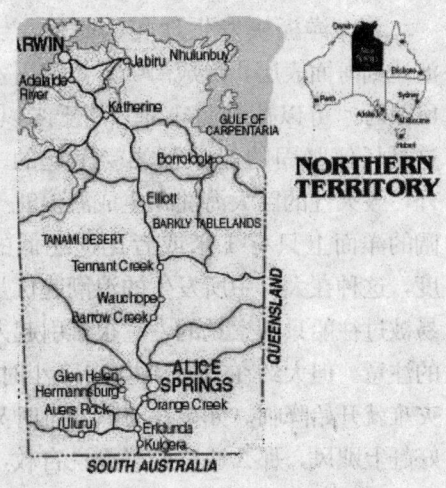

◆北领地在澳大利亚的位置

内多为沙漠，是澳大利亚最荒野的地方。乌卢鲁国家公园以其壮观的地质学构造而闻名于世，这其中最有代表性的就是艾尔斯岩。

现在就让我们一起走近这块梦幻般的巨石。

澳大利亚艾尔斯巨石又名乌卢鲁巨石，位于澳大利亚中北部的艾丽斯斯普林斯西南方向约340千米处。艾尔斯岩高348米，长3000米，基围周长约8.5千米，

◆高空拍摄的艾尔斯岩

隐匿的秘密之地——海洋

东高宽而西低狭，是世界最大的整体岩石（体积虽巨，却只是块独石）。它气势雄峻，犹如一座超越时空的自然纪念碑，突兀于茫茫荒原之上，在耀眼的阳光下映射着迷人的光辉。

## 巨石的发现

1873年一位名叫威廉·克里斯蒂·高斯的测量员横跨这片荒漠，当他又饥又渴之际发现眼前这块与天等高的石山，还以为是一种幻觉，难以置信。高斯来自南澳洲，故以当时南澳州总理亨利·艾尔斯的名字命名这座石山。艾尔斯巨石俗称为我们"人类地球上的肚脐"，号称"世界七大奇景"之一，距今已有4～6亿年历史。如今这里已开辟为国家公园，每年有数十万人从世界各地纷纷慕名前来观赏巨石风采。

◆艾尔斯岩上的浅坑

艾尔斯岩是孤立的巨大风化岩，是世界上最大的独体岩。这块独体岩是由长石砂岩构成，能随太阳高度的不同而变色。

## 神奇的巨石

艾尔斯巨石表面因被氧化而发红，整体呈红色，因此又被称作红石。突兀在广袤的沙漠上，艾尔斯巨石如巨兽卧地，又如饱经风霜的老人，在此雄伟地耸立了几亿年。由于地壳运动，巨石所在的阿玛迪斯盆地向上推挤形成大片岩石，而大约到了3亿年前，又一次神奇的地壳运动将这座巨大的石山推出了海面。经过亿万年来的风雨沧桑，大片砂岩已被风化为沙砾，只有这块巨石凭着它特有的硬度抵抗住了风剥雨蚀，且整体没有裂缝

HAIYOU DUOSHAO
WEIZHI YU KENENG

还有多少未知与可能

世界神秘之地

◆风姿绰约的巨石

◆艾尔斯岩上的凹槽

和断隙，成为地貌学上所说的"蚀余石"。但长期的风雨侵蚀，使其顶部圆滑光亮，并在四周陡崖上自上而下形成了一些宽窄不一的沟槽和浅坑。因此，每当暴雨倾盆，在巨石的各个侧面上飞瀑倾泻，蔚为壮观。

土著人称这座石山为"乌卢鲁"，意思是"见面集会的地方"。艾尔斯石仿佛是大自然中一个爱漂亮的模特，随着早晚和天气的改变而"换穿各种颜色的新衣"。当太阳从沙漠的边际冉冉升起时，巨石"披上浅红色的盛装"，鲜艳夺目、壮丽无比；到中午，则"穿上橙色的外衣"；当夕阳西下时，巨石则姹紫嫣红，在蔚蓝的天空下犹如熊熊的火焰在燃烧；至夜幕降临时，它又匆匆"换"上黄褐色的"夜礼服"，风姿绰约地回归大地母亲的怀抱。

关于艾尔斯石变色的缘由众说纷纭，而地质学家认为，这与它的成分有关。艾尔斯石实际上是岩性坚硬、结构致密的石英砂岩，岩石表面的氧化物在一天阳光的不同角度照射下，就会不断地改变颜色。因此，艾尔斯

## HAIYOU DUOSHAO WEIZHI YU KENENG
### 还有多少未知与可能

◆优美的景色

落的土著人都在这里举行成年仪式和祭祀活动等。乌卢鲁国家公园是澳大利亚遗产委员会注册的国家财产，1985年，澳大利亚政府将它正式归还给阿南古人，由他们负责管理。每年，有几十万游客慕名前来一睹艾尔斯石的风采。

## 迷幻的光环

不要说外国人，就是澳大利亚本土人，如果你告诉他你已游览过艾尔斯巨石，那也会引来不少羡慕的目光。其原因主要是路途遥远，而且还需要有足够的时间和费用。艾尔斯巨石是澳大利亚土著人的圣山，是澳大利亚的发祥地。由于她充满着无限神秘色彩，走进澳大利亚中部，亲眼目睹这一巨石的风姿，是很多到澳大利亚观光的游客期盼的梦。

◆澳洲土著人

世界神秘之地

### 广角镜——艾尔斯巨石之谜

艾尔斯巨石孤零零地奇迹般地凸起在那荒凉无垠的平坦荒漠之中，好似一座荒凉礼赞般的、超越时空与地空的天然丰碑。对这块世界上独一无二的巨大岩石，至今科学家仍破解不出其确凿的出处来源，有的说是数亿年前从太空上坠落下来的流星石，其三分之二沉入了地下，三分之一浮在了地面。有的则说是一亿两千万年前与澳洲大陆一起浮出水面的深海沉积物，恐怕这个难题将成为千古之谜。

隐匿的秘密之地——海洋

石被称为"五彩独石山"而平添了无限的神奇。

雨中的艾尔斯石气象万千，飞沙走石、暴雨狂飙的景象甚为壮观。待到风过雨停，石上又瀑布奔流、水汽迷蒙，又好似一位披着银色面纱的少女；向阳一面的几道若隐若现的彩虹，有如头上的光环，显得温柔多姿。雨水在岩隙里形成了许多水坑，而流到地上的雨水则浇灌着周围的蓝灰檀香木、红桉树、金合欢丛以及沙漠橡树、沙丘草等植物，使艾尔斯石显示出勃勃生机。

◆艾尔斯岩上的洞穴

 **友情提醒**

艾尔斯巨石是在露天中展示的文物，由于许多游客到巨石上攀岩，引起了当地土著人的不满。

## 深厚的文化底蕴

这里的原住居民是在此生活超过数万年并创造了灿烂文化的阿南古人，他们认为祖先们缔造了大地与山河。因此，阿南古族人就是维护这块神圣土地的后继者，并由于艾尔斯石恰好位于澳大利亚的中心，当地土著人便认定这块巨石是澳大利亚的灵魂。艾尔斯石上许多奇特的洞穴里，留存有土著人相关的古老绘画和岩雕，线条分明，圈点众多，描绘着"梦幻时代"的传奇故事和神话传说。一直以来，艾尔斯石是西部沙漠地区土著人宗教、文化、土地和经济关系的焦点，是他们心中的"圣石"，许多部